ı Heritage

SEGREDOS entre AMIGAS

Jacqueline Wilson

SEGREDOS entre AMIGAS

Jacqueline Wilson

Tradução de
Isabel Gomes

Editorial Presença

FICHA TÉCNICA

Título original: *Best Friends*
Autora: *Jacqueline Wilson*

Tradução: *Isabel Gomes*
Ilustração: *Design'98*
Capa: *Catarina Sequeira Gaeiras*
Fotocomposição, impressão e acabamento: *Multitipo — Artes Gráficas, Lda.*
1.ª edição, Lisboa, Julho, 2007
Depósito legal n.º 260 527/07

EDITORIAL PRESENÇA
Estrada das Palmeiras, 59
Queluz de Baixo
2730-132 BARCARENA
Email: info@presenca.pt
Internet: http://www.presenca.pt

Para Scarlett, Fergus e Phoebe

1

A Alice e eu somos as melhores amigas uma da outra. Conheço a Alice desde que nasci. É verdade. As nossas mães estiveram no hospital ao mesmo tempo para nos dar à luz. Eu nasci primeiro, às seis horas da manhã, do dia 3 de Agosto. A Alice demorou muito tempo a nascer e só veio ao mundo às quatro horas da tarde. As nossas mães deram-nos muito carinho e, à noite, deitaram-nos lado a lado em berços minúsculos.

Acho que a Alice estava um pouco assustada, pois chorou. Ainda hoje é uma choramingas, mas eu tento não gozar com ela. Faço sempre os possíveis por reconfortá-la.

Aposto que, naquele dia, falei com ela em linguagem de bebé. Devo ter-lhe dito «Olá, eu sou a Gemma. Esta coisa de nascer é um pouco estranha, não é? Estás bem?»

E a Alice terá respondido: «Não tenho a certeza. Eu sou a Alice. Acho que não gosto de estar aqui. Quero a minha mamã!»

— Não tarda nada, estaremos novamente com as nossas mamãs. Quando nos derem leitinho. Estou *morta de fome!* — E comecei também a chorar, para o caso de haver hipótese de ser alimentada imediatamente.

Para dizer a verdade, ainda hoje sou um pouco lambona. Mas não tanto quanto o Bolachas. O seu nome é Billy McVitie, mas toda a gente, até os professores, lhe chama Bolachas. Ele está na nossa turma da escola, e tem um apetite devorador. Consegue comer um pacote inteiro de *Hob Nobs* de chocolate em apenas dois minutos!

Uma vez fizemos um Concurso de Bolachas no recreio. Eu só consegui comer três quartos do pacote. Talvez tivesse conseguido comer também o pacote inteiro, mas engasguei-me com um bocado de bolacha. Acabei por ficar com a blusa branca do uniforme suja de bolachas mastigadas. Mas isso não é novidade nenhuma. Eu acabo sempre por ficar toda suja, amarrotada e arranhada, enquanto a Alice está sempre limpinha e bonita.

Quando éramos bebés *uma* de nós gatinhou para dentro do caixote do lixo, fez luta livre no meio da lama que havia no jardim, e caiu ao lago quando estávamos a dar de comer aos patos. A *outra* ficava sentada no carrinho, abraçada ao seu Winnie the Pooh, a rir-se das patifarias da amiga marota.

Quando fomos para a creche, *uma* de nós brincava aos bombeiros no reservatório de água, às toupeiras na caixa de areia e não se contentava em ficar com os dedos pintados, pois dedicava-se mesmo à pintura total do corpo. A *outra* ficava sentada, quietinha, à secretária, a fazer colares de plasticina (um para cada uma de nós) e a cantar *Todos os Patinhos* com aqueles gestos tão engraçados.

Na infantil, *uma* de nós fingiu ser uma Selvagem e correu pela sala de aulas a rugir e a urrar, até a professora a mandar sair. Também andou à bulha com um rapaz matulão que tinha roubado o chocolate da sua melhor amiga, e pôs-lhe o nariz a sangrar! A *outra* lia o livro *Milly-Molly-Mandy* e escrevia histórias sobre uma cabana campestre, de telhado de colmo, com uma letra direitinha e bonita.

Agora que estamos no Preparatório, *uma* de nós aceitou o desafio de entrar a correr na casa de banho dos rapazes. Fê-lo mesmo, e os rapazes começaram todos a gritar com ela. Para além disso, subiu pelo cano de escoamento que havia no pátio de recreio para ir buscar uma bola — só que o cano soltou-se da parede e acabou estatelada no chão. O Mr. Beaton, o director de turma, não ficou NADA satisfeito. A *outra* foi nomeada chefe de turma, e vestiu o seu *top* prateado e reluzente para ir à discoteca da escola (com brilhantes prateados a condizer nas pálpebras) e todos os rapazes queriam dançar com ela, mas adivinhem o que aconteceu! Em vez de dançar com eles, passou o tempo todo a dançar com a sua amiga mal comportada.

Somos as melhores amigas do mundo mas não somos nada parecidas. Isso percebe-se de imediato, mesmo que eu não tenha dado muitos exemplos das nossas diferenças. A minha mãe também está sempre a dizer o mesmo.

— Por amor de Deus, Gemma, pára de ser tão abrutalhada, esgrouviada e turbulenta. És tão maria-rapaz! E eu que fiquei tão contente por ter uma menina! Agora mais parece que tenho três rapazes — e tu és o maior terrorista deles todos!

O meu irmão mais velho, o Callum, tem dezassete anos. Eu e ele costumávamos ser grandes companheiros e foi ele quem me ensinou a andar de *skateboard* e a mergulhar de cabeça na piscina. Todos os domingos, empoleirava-me na parte de trás da sua bicicleta e íamos até à casa do avô. Mas agora o Callum arranjou uma namorada, a Ayesha, e os dois passam o tempo todo aos beijos e a olhar nos olhos um do outro. Yuuchh!

Um dia, a Alice e eu fingimos que éramos espiões e seguimo-los até ao parque, porque queríamos ver se faziam algo ainda mais nojento, mas o Callum apanhou-nos, segurou-me de cabeça para baixo e chocalhou-me até eu ficar enjoada.

Tenho outro irmão chamado Jack, mas não é tão divertido como o Callum. É todo intelectual e tão marrão que é ele quem tira sempre a nota mais alta nos exames. O Jack não tem namorada, pois não sai o suficiente para conhecer alguém. Passa o tempo todo enfiado no quarto, a fazer os trabalhos de casa. Quase só sai à noite, para passear o nosso cão, o *Doido Varrido.* Gosta de se vestir de preto e não aprecia pão de alho. E se o Jack estiver a transformar-se no Jácula? Tenho de ver se os dentes dele estão a ficar demasiado pontiagudos.

É irritante ter o Jack como irmão. Às vezes os professores esperam que eu seja tão inteligente quanto ele, e que tire nota máxima em todos os testes. Como se isso fosse possível!

Eu sou boa em *algumas* coisas. O Mr. Beaton diz que eu sou capaz de convencer até o burro mais teimoso — ou antes, que consigo convencer uma récua deles. Também diz que, por vezes, me *porto* como um jumento. Acho que os burros dão coices se não tivermos cuidado. Às vezes tenho vontade de dar um coice ao Mr. Beaton.

Eu tenho montes de ideias e resolvo as coisas muito rapidamente na minha cabeça, mas é demasiado aborrecido ter de escrever tudo, por isso muitas vezes nem me dou ao trabalho de o fazer. Ou então tento convencer a Alice a escrever por mim. A Alice tira notas mais altas que eu a todas as disciplinas. Menos no futebol. Não me quero gabar, mas faço parte da equipa de futebol da escola, apesar de ser a jogadora mais nova, a mais pequena, e a única rapariga.

A Alice não gosta de desportos, portanto temos passatempos diferentes. Ela gosta de desenhar filas de meninas com vestidos de festa, de escrever no seu diário com canetas de gel, de pintar as unhas de cores diferentes e de brincar com as suas jóias. Ela é doida por jóias. Guarda-as numa caixinha especial de veludo azul que pertencia à avó e que tem uma bailarina. Quando se lhe dá corda e se abre a tampa a bailarina anda à roda. A Alice tem um fio com um coraçãozinho de ouro, uma pulseirinha de ouro que usava quando era bebé, uma bracelete de jade que lhe deu um tio que vive em Hong Kong, um medalhão de prata, um alfinete de peito, brilhante e em forma de cão, e uma pulseira com dez berloques. O meu berloque preferido é a Arca de Noé em miniatura, de prata, que se abre e contém girafas, elefantes e tigres absolutamente minúsculos.

Tem também montes de anéis — um anel russo, verdadeiro, de ouro, um vitoriano cor de granada, e uma série de anéis de bijutaria, que lhe saíram como brindes. Ela deu-me um anel grande, prateado e azul, como símbolo da nossa amizade. Eu adorava-o e chamava-lhe a minha safira, mas esqueci-me de o tirar quando fui à piscina e o prateado ficou negro e a safira caiu.

— Era de esperar! — disse a minha mãe, suspirando.

Acho que, às vezes, a Mamã se arrepende de não ter trocado os berços quando nascemos. Tenho a certeza de que ela preferia ter a Alice como filha. Ela não o diz, mas eu não sou parva. Até *eu* preferia ter a Alice como filha.

— Eu não — garantiu o meu pai, despenteando-me com uma mão de maneira a ficar com o cabelo todo no ar. Bem, ele já devia estar todo espetado mesmo. Tenho aquele tipo de cabelo espetado, como se estivesse sempre ligada a uma ficha eléctrica. A Mamã obrigou-me a deixá-lo crescer, mas eu estava sempre a perder aqueles laços e ganchos ridículos. Um dia, fiquei com o cabelo cheio de pastilha elástica ao participar num concurso de balões de pastilha com o Bolachas e os outros rapazes, e urra! urra! teve de ser cortado. A Mamã chorou, mas eu não me importei nem um bocadinho.

Sei que não se deve ter favoritos na família, mas acho que gosto mais do meu pai do que da minha mãe. Não vejo muito o Papá, porque ele é taxista, e levanta-se antes de eu acordar para conduzir pessoas ao aeroporto e, muitas vezes, está fora até muito tarde a levar os frequentadores do *pub* a casa. Mas quando está em casa gosta de se deitar no sofá, à frente da televisão, a dormitar. Às vezes as suas sonecas são muito longas, mas quando me sinto só aninho-me junto dele. Ele faz-me festas e murmura: «Olá, Boneca», e depois volta a adormecer.

O meu avô costumava conduzir o nosso táxi, mas agora está reformado embora ainda dê uma ajuda quando a empresa de carros de aluguer precisa de um motorista extra. Eles têm um *Rolls Royce* branco para os casamentos e, uma vez, o avô levou-me a dar uma voltinha às escondidas. O meu avô é o máximo. Ele deve ser o meu parente preferido. Foi sempre ele quem cuidou de mim, desde que eu era bebé. A nossa mãe voltou para o trabalho na mesma altura em que o avô se reformou, por isso ele ficou a tomar conta de mim.

Ainda hoje vai buscar-me à escola e depois leva-me para o seu apartamento, que fica no último andar de uma torre. Quando se olha pela janela do avô, vêem-se os pássaros a passar por nós a voar. É verdadeiramente mágico. Quando o tempo está bom vê-se tudo até à outra ponta da cidade, até ao bosque e às colinas. Às vezes o avô semicerra os olhos e finge que está a olhar através de um telescópio e jura estar a ver tudo até ao mar, mas acho que está só a brincar. Ele está sempre a brincar, e também me chama muitos nomes engraçados. Eu sou a sua *Iced Gem*. O avô dá-me sempre pacotes de *Iced Gems*, que são uns biscoitos miniatura, com uma cobertura deliciosa de açúcar branco, cor-de-rosa e amarelo.

A Mamã fica irritada quando vai ter comigo.

— Não devia dar-lhe de comer — diz ela para o avô. — Ela vai lanchar assim que chegar a casa. Gemma, trata de lavar os dentes como deve ser. Não gosto nada que comas essas coisas doces.

O avô pede sempre desculpa, mas entorta os olhos e faz caretas engraçadas quando a Mamã está de costas. Eu desato-me a rir, o que irrita ainda mais a Mamã.

Às vezes acho que *toda a gente* irrita a minha mãe. Toda a gente menos a Alice. A Mamã trabalha no departamento de maquilhagem da *Joseph Pilbeam*, aquela loja grande, e dá à Alice muitas amostras de produtos de beleza, e batonzinhos e frasquinhos de perfume. Um dia, quando estava muito bem-disposta, sentou a Alice diante do seu toucador e aplicou-lhe uma maquilhagem completa, como a das senhoras crescidas. Também me maquilhou a mim, embora me tenha ralhado por eu estar sempre a mexer-me (aquilo fazia cócegas!), e depois fiquei com comichão nos olhos e esfreguei-os. Fiquei com aquela coisa do rímel por todo o lado e parecia um panda.

A maquilhagem da Alice ficou impecável o dia todo. Nem sequer esborratou o batom cor-de-rosa ao lanchar. Comemos *pizza*, mas ela cortou a dela em pedacinhos pequeninos, em vez de enfiar um delicioso bocadão na boca.

Se a Alice não fosse a minha melhor amiga, acho que me complicaria com o sistema nervoso. Principalmente quando a Mamã a apaparica e depois olha para mim e suspira.

Mesmo assim, é bom que a Mamã *goste* da Alice, porque nunca se importa que ela passe a noite lá em casa. A minha mãe proibiu-nos de ter muita gente a dormir lá em casa nos nossos aniversários. O Callum não se importa, pois a única pessoa que ele gostaria que passasse lá a noite é a Ayesha. O Jack também não se importa. Tem uns quantos amigos marrões no 9.º Ano, mas não comunicam entre si cara a cara. Limitam-se a enviar *e-mails* e mensagens de telemóvel uns aos outros.

Para além da minha melhor amiga Alice, tenho outros amigos normais. No meu último aniversário, convidei três rapazes e três raparigas para uma festa em que passariam a noite em minha casa. A Alice estava no topo da lista, é claro. Era suposto brincarmos no jardim, mas choveu e, por isso, jogámos todos à bola com uma almofada, na sala de visitas (bem, não *todos* — a Alice não quis jogar e o Bolachas não tem jeito para isso). Alguém partiu uma estatueta, que a minha mãe recebera como prenda de casamento, e rasgou a almofada. A minha mãe ficou tão zangada que não deixou ninguém passar lá a noite e mandou-os todos para casa. Com excepção da Alice.

Ainda me deixa convidar uma amiga especial para passar a noite comigo, desde que essa amiga especial seja a Alice. Isso é fantástico porque, como já devo ter dito, a Alice é a minha melhor amiga.

Não sei o que faria sem ela.

2

Não sei o que hei-de fazer. Estou preocupada. Alguma coisa de estranho se está a passar.

É a Alice. Ela tem um segredo e não mo conta. Nós nunca guardámos segredos uma da outra.

Já contei à Alice uma série de coisas, até coisas horríveis e embaraçosas, como aquela vez em que pensei que conseguia chegar a casa sem precisar de ir à casa de banho, depois de ter bebido duas *Coca-Colas* grandes e um batido, no McDonald's. A Alice sabe que não gosto de dormir sem a minha luzinha de presença, em forma de casinha de coelho, porque não gosto muito do escuro. Quando o avô foi hospitalizado para ser operado, eu contei à Alice que tinha medo que ele não melhorasse, embora, graças a Deus, tenha ficado bom num instante.

A Alice também me contou sempre os seus segredos. Contou-me quando os pais tiveram uma grande discussão porque o pai bebera demais numa festa. Contou-me que, uma vez, tinha roubado um caramelo de chocolate no clube de vídeo. Estava no chão, por isso esperava que pudesse ser considerado lixo mas, mesmo assim, tinha medo que isso significasse que era uma ladra. Ficou tão preocupada com a sua acção que nem sequer se atreveu a comer o caramelo. Comi-o eu, só para ela parar de se afligir.

Ela já me contou montes e montes de coisas. Mas agora tem um segredo. Ela não sabe que eu sei que tem um segredo. Eu descobri-o de uma maneira muito errada. Li o seu diário.

Eu sei que nunca se deve ler o diário pessoal de ninguém. Na verdade, já dei uma espreitadela ao diário da Alice várias vezes.

Não por maldade ou coscuvelhice, mas por ser tão interessante descobrir o que ela está a pensar! É como se ela tivesse uma janelinha na testa, através da qual se pode espreitar para o seu cérebro. É normalmente muito giro, porque escreve muita coisa sobre *mim*.

A Gemma foi tão engraçada hoje, nas aulas, que até a Mrs. Watson desatou à gargalhada!... A Gemma e eu inventámos a nossa própria história de banda desenhada sobre os animais da Arca de Noé, e sobre as girafas que se levantaram de repente e fizeram um buraco no tecto. Estava a chover muito, mas os elefantes abriram as orelhas para que o Noé e a sua família não se molhassem. A Gem tem ideias tão boas...

Eu estava muito aborrecida hoje, na escola, porque a Mamã não quer comprar-me aquele casaco de camurça que vimos no sábado, mas a Gemma partilhou o chocolate dela comigo e disse-me que, quando formos grandes, me compra todos os casacos de camurça que eu quiser.

Adoro o facto de ela escrever página após página a dizer que sou engraçada, inventiva e bondosa. Adoro que tenha colado uma fotografia engraçada de nós as duas, abraçadas, na primeira página do diário. Contornou-a com uma caneta prateada, como se estivesse emoldurada, e colou os seus autocolantes preferidos de flores, golfinhos, gatinhos e bailarinas por todo o lado.

Foi por isso que ontem dei uma espreitadela rápida no seu diário. Tínhamos passado uma tarde maravilhosa a desenhar o apartamento que vamos partilhar quando formos crescidas. A princípio, a Alice não pareceu muito entusiasmada com a ideia, mas pensei que era por não ter tanto jeito para o desenho como eu.

Ela ficou mais animada quando eu disse que podíamos recortar coisas das revistas da minha mãe. Gostou de escolher e recortar as nossas camas iguais, o nosso sofá de veludo, enorme e fofo, o nosso gigantesco frigorífico e o nosso tapete branco, grande e felpudo. Depois, começou a recortar hexágonos coloridos e minúsculos para fazer mantas de retalhos para as nossas camas, e almofadas a condizer, também de retalhos, para o sofá. Eu diverti-me a recortar montes de comida para metermos no frigorífico, embora algumas das caixas de gelado e de *éclairs* de chocolate fossem tão grandes que se entornaram no chão. Imaginem uma caixa de gelado tão grande que se consegue enfiar nela a cabeça toda para dar uma grande lambidela; imaginem *éclairs* de chocolate de tal maneira grandes que nos conseguiríamos sentar-nos a cavalo neles (embora ficássemos com as cuecas um bocado peganhentas).

De seguida desenhei olhos, orelhas, um focinho e quatro patas com garras no tapete branco e felpudo, transformando-o num verdadeiro urso polar para o podermos abraçar e montar à vez.

A Alice ficou um pouco chateada com esta parte.

— Pensei que íamos fazer isto como deve ser, Gem, e tu estás na brincadeira — disse, abrindo e fechando a sua boquinha cor-de-rosa cada vez que abria e fechava a tesoura.

Eu também fiquei um bocado irritada porque ela demorou séculos a encaixar todas as cores dos seus retalhos e a transformá-los num padrão. Mas a Alice ficou ainda mais aborrecida quando eu tive cócegas no nariz, espirrei e espalhei todos os pedacinhos antes dela ter tido tempo de os colar.

Mas estávamos a ser apenas nós mesmas, a Alice e a Gemma do costume. Não foi uma briga a sério. Nós nunca temos brigas a sério. Nunca deixámos de ser amigas, nem mesmo por meio dia. *Então por que é que ela não me conta esse terrível segredo?*

Será que já não quer que eu seja a sua melhor amiga? Ela comportou-se de uma forma um pouco estranha à hora do lanche. Foi um lanche especial, muito embora só lá estivéssemos a Mamã, a Alice e eu. O Papá estava a trabalhar com o seu táxi, o Callum estava em casa da Ayesha, e o Jack tinha um tabuleiro de comida no quarto porque não podia largar o computador. Comemos o esparguete à bolonhesa da Mamã e depois uma salada de fruta com aquele fantástico *chantilly* de lata, e ainda uma mão-cheia de *Smarties* cada uma. Eu escolhi todos os azuis e a Alice os cor-de-rosa.

Comi tudo. Até lambi o prato quando a Mamã não estava a ver. A Alice não comeu grande coisa. Ela é, normalmente, um bocado esquisita com a comida, mas adora esparguete à bolonhesa, fruta, *chantilly* e *Smarties* tanto quanto eu, portanto, isto era muito mau sinal. Nem sequer quis fazer um concurso para ver quem conseguia sugar o esparguete mais depressa. Quando o meu prato estava completamente vazio, a Alice continuava a enrolar pensativamente o esparguete no garfo sem, contudo, o *comer*.

— Eu como o teu, se quiseres — ofereci-me, só para ser prestável.

— Deixa o prato da Alice em paz, Gemma! — disse a Mamã. — Não tivesses sugado o teu todo em dois minutos, como se fosses um aspirador! Francamente, comportas-te como um gorila esfomeado.

Eu comecei na brincadeira, batendo no peito e estalando os lábios, até a Mamã se zangar, o que, na verdade, nem era justo porque tinha sido ela a começar, ao falar no gorila. Por esta altura, já o esparguete à bolonhesa da Alice estava gelado, por isso a Mamã recolheu o prato. A Alice acabou por comer um pouco de salada de frutas, embora só tenha deitado uma esguichadela de *chantilly* em cima dela. Eu esguichei generosamente a minha salada com natas, fazendo uma montanha de *chantilly*, e só parei quando a Mamã me arrancou a lata das mãos.

De seguida, comemos os *Smarties*.

— Lembras-te de termos *Smarties* colados à volta do nosso último bolo de aniversário? — perguntei. — Ei, sabias que se pode fazer um desejo especial a cada sétimo *Smartie* que se coma?

— Não pode nada. Estás a inventar isso. Só se podem fazer desejos quando se corta um bolo de aniversário — disse a Alice. — Não temos nenhum bolo e não fazemos anos.

— Podemos fazer um desejo sempre que nos apetecer, seja aniversário ou não. Vá lá, Alice, faz um desejo comigo.

Nós fazemos sempre o mesmo desejo.

— Desejamos ser amigas para sempre e sempre e sempre.

Enterrei o cotovelo nas costelas da Alice e ela repetiu o desejo, um pouco entredentes. Depois baixou a cabeça e bebeu um pouco de sumo, mas engasgou-se e teve de ir a correr para a casa de banho.

— Oh, coitada da Alice. Engasgou-se com um *Smartie*? — perguntou a Mamã.

— Acho que não — respondi.

Quando regressou da casa de banho, a Alice estava com os olhos vermelhos. Eu sei que os nossos olhos lacrimejam um bocado quando nos engasgamos, mas parecia que tinha estado a chorar.

Na altura não pensei muito no assunto. A Alice *é* um pouco choramingas por natureza. Chora por causa das coisas mais ridículas. Até chora quando está feliz, como daquela vez em que lhe dei a *Melissa*, a boneca de porcelana da minha avó. Ela deixou-ma como herança quando morreu. Eu adorava a *Melissa* porque era a boneca preferida da avó. E, antes disso, tinha sido a boneca preferida da avó *dela*. A *Melissa* era muito bonita. Tinha o cabelo aos canudos macios e castanhos, e olhos castanhos e brilhantes, com pestanas e tudo. Eu gostava de fazer com que as suas pálpebras abrissem e fechassem, pois parecia que estava mesmo a pestanejar. A Mamã zangou-se e disse-me que se eu não tivesse cuidado os olhos da *Melissa* acabariam por saltar.

A Alice também adorava a minha boneca. Gostava principalmente do seu lindo vestido branco, dos seus saiotes e dos seus calções compridos, com renda (imaginem ter de usar calções que desciam até muito abaixo dos joelhos!). Eu queria muito brincar com a *Melissa*. Não sou muito dada a coisas de rapariga, mas sempre gostei de brincadeiras que envolvessem bonecas. Brincadeiras loucas, excitantes e um pouco sujas. As minhas *Barbies* atravessavam selvas, no jardim, lutavam corpo-a-corpo com minhocas e quase se afogavam em chuvas torrenciais.

Olhei para a impecável *Melissa*. Até as suas botas de camurça, com botões de pérola, eram brancas. Eu sabia exactamente como ela iria ficar se continuasse nas minhas mãos e, de repente, soube o que devia fazer. Dei a *Melissa* à Alice. A Alice apertou-a contra o peito (com cuidado, para não lhe amachucar a roupa), e umas lágrimas gordas escorreram-lhe pelas faces.

Fiquei preocupada com receio de me ter enganado e que ela não gostasse realmente da *Melissa*, mas a Alice insistiu que estava a chorar de alegria. Mais tarde, nesse mesmo dia, chorei lágrimas de angústia, de fúria e de desespero quando a Mamã descobriu o que eu tinha feito. Ficou *tãooo* zangada comigo por eu ter dado a boneca da avó!

Perguntei a mim própria se a Alice estaria a chorar lágrimas de alegria por causa do desejo especial que tínhamos feito com os *Smarties*, mas isso teria sido um pouco excessivo, até para ela.

Depois do lanche, ela parecia estar outra vez bem. Vimos televisão juntas e, quando chegou a hora do nosso programa *pop* preferido, acompanhámos as canções e dançámos os passos todos. Bem, a Alice fez os passos todos bem; eu limitei-me a saltar para cima e para baixo e a agitar os braços de um lado para o outro.

O Callum juntou-se a nós durante algum tempo. Ele é ainda mais doido que eu a dançar. A Alice fica um pouco nervosa quando ele dança o seu *jive*[1] maluco e nos atira ao ar, mas eu adoro. Depois o Callum saiu para ir ver a Ayesha.

A Alice e eu levámos o *Doido Varrido* a dar uma corrida pelo jardim e fizemos mais uma tentativa para o ensinar a fazer gracinhas. Quando ele era um cachorrinho peludo e fofinho esticava a patinha e agitava-a de uma forma supergira. Eu fiquei toda excitada e convenci-me de que o poderíamos treinar para ser um cão artista. A Alice e eu poderíamos participar no espectáculo. Eu poderia usar cartola e casaca e dar as ordens ao *Doido Varrido*. A Alice poderia usar um vestido de *ballet* cheio de folhos e ser a minha assistente principal.

Mas o *Doido Varrido* ficou mesmo completamente doido quando chegou à adolescência e recusava-se a fazer qualquer habilidade. De vez em quando, quando estava muito bem-disposto ou o subornávamos com chocolate, lá dava a pata, mas recusava-se a dançar sobre as patas de trás, ou a dar cambalhotas, ou a cantar «*Parabéns a Você*» a ladrar. Ladrar, ladrava ele, bem alto e persistentemente, para nos mandar passear e parar de o aborrecer.

Foi o que ele fez ontem à noite, quando tentei obrigá-lo a balançar-se em cima de um vaso. Era um vaso *grande*. Ele poderia tê-lo feito com uma perna às costas, se quisesse.

Mas não quis, e ficou tão zangado que o Jack se descolou da frente do seu computador e desceu do quarto para o salvar.

— Deixa-o em paz, sua torturadora de cães — disse ele, levando o *Doido Varrido*.

— Estou apenas a tentar ajudá-lo a atingir o estrelato — expliquei. — Até já pensei num nome artístico para ele. O Cão Estrela. Percebes? Existe mesmo uma estrela chamada Cão...

[1] Espécie de música *jazz*. (*NT*)

— Quem me dera que levantasses voo e fosses viver nela — vociferou o Jack, arrastando o *Doido Varrido* de volta para casa.

Quando ele voltou as costas, murmurei algumas palavras mal-educadas e a Alice riu-se. Depois subimos para o ramo grande da macieira e trocámos todas as palavras mal-educadas que conhecíamos. Eu conheço *muitas mais* que a Alice. Era tão bom estarmos ali, com as pernas a balançarem no ar. Experimentei saltitar para cima e para baixo para abanar o ramo, mas a Alice ficou com medo. A certa altura, ela disse que tinha o traseiro dormente e quis descer, e assim fizemos.

O Papá anda há séculos a prometer construir-me uma casa na árvore, mas parece nunca ter tempo sequer para a começar. A Alice iria *adorar* uma casa na árvore.

De seguida, a Mamã chamou-nos para dentro e preparámo-nos para ir para a cama. Sentámo-nos, de pijama vestido, uma em cada ponta da minha cama, com uma grande tigela de pipocas entre nós. Eu pus-me a fingir que era um leão-marinho, atirando pipocas ao ar e apanhando-as com a boca, enquanto a Alice escrevia no seu diário. Nem sempre era um leão-marinho muito *eficiente*, mas fiz os possíveis.

— Estás sempre a sacudir-me com esses teus saltos — comentou a Alice.

— Bem, é difícil apanhar pipocas — respondi, mastigando.

— Se não tens cuidado, ainda te engasgas — avisou a Alice, fechando o diário. — Deixa de ser tão porquinha, Gem. Agora quero pintar as unhas. Anda, pinto-te as tuas também.

— Isso é uma seca — resmunguei. — Ainda por cima vais implicar comigo por as esborratar.

— Então *não* as esborrates — observou a Alice severamente. Pegou no frasco de verniz e abriu-o.

— Às vezes pareces mesmo a minha mãe — concluí eu dando-lhe um encontrão com o pé.

Mas entusiasmei-me um pouco, virei a tigela e as pipocas espalharam-se por toda a cama. A Alice deu um salto e entornou verniz cor-de-rosa no pulso e na manga do pijama.

— Oh, Gem! — guinchou, levantando-se e correndo para a casa de banho para tentar limpar o verniz.

Fiz os possíveis por apanhar as pipocas e as meter novamente na tigela. Elas tinham-se enfiado em todo o lado, até dentro do diário da Alice. Peguei nele e sacudi-o... e dei uma espreitadela ao que ela escrevera.

Depois li novamente e reli.

Não sei o que fazer. Sinto-me tão mal. Não posso contar à Gemma. Não posso mesmo. Tenho de manter SEGREDO. Mas é tão difícil agir normalmente, como se fôssemos continuar a ser as melhores amigas para sempre, tal como ela deseja.

Será que a Alice tem uma melhor amiga *nova*?

Será que se fartou simplesmente de mim?

Não conseguia dormir. Dei voltas e voltas em cima dos pedaços de pipoca, perguntando a mim própria se devia acordar a Alice e perguntar-lhe directamente. Acabei apenas por me aninhar junto dela, enrolando uma madeixa do seu cabelo comprido à volta dos meus dedos, como se estivesse a prendê-la a mim, para sempre.

3

Quando acordámos não disse uma palavra que fosse sobre o Segredo, e a Alice também não.

Não o mencionei quando descemos ao andar de baixo e preparámos grandes tigelas de *Frosties* com dose extra de açúcar, uma mão-cheia de sultanas e aqueles grãozinhos coloridos que se põem nos bolos para fazermos leite com arco-íris. A Alice também não.

Não disse nada sobre o Segredo enquanto víamos televisão. A Alice também não.

Não disse nada sobre o Segredo enquanto representávamos o nosso programa de televisão preferido, a *História de Tracy Beaker*. A Alice também não.

A Alice quase não disse nada, mesmo quando desempenhava o papel de Louise, ou Justine, ou Elaine, a Melga (eu sou sempre a Tracy). Mas, afinal, ela é sempre muito mais calada que eu.

Eu não estava nada tranquila. Quanto mais assustada fico por dentro, mais barulhenta fico por fora. Fiz cada vez mais barulho, até que a Mamã desceu as escadas de robe, muito zangada.

— Por amor de Deus, Gemma, pára de guinchar! O teu pai só chegou a casa às duas da manhã.

— Eu sou a Tracy Beaker, Mamã. *Tenho* de guinchar. E de bater com os pés. E de dar pontapés. E de andar às voltas — expliquei, fazendo uma demonstração.

A Mamã agarrou-me. — Pára com isso! — ordenou, dando-me um ligeiro safanão. Ela nunca me bate, mas acho que tem muitas vezes vontade de o fazer. Olhando para a Alice, revirou os olhos.

— Por que é que gostas de ser amiga da nossa Gemma?

— Não sei, tia Liz. Mas gosto — respondeu ela e depois desatou a chorar.

— Oh, querida, não chores! — pediu a Mamã. — Eu não estou zangada *contigo*.

— Também não quero que esteja zangada com a Gemma — chorou a Alice.

— Bem, eu não estou realmente zangada. Apenas um pouco alterada. Receio bem que esse seja um estado permanente quando se está com a nossa Gemma — disse a Mamã, despenteando-me com a mão, com ar pesaroso. — Olha para ti, Gem! Tens o cabelo todo espetado como um piaçá da casa de banho.

— Mas, por favor, não me enfies na sanita, Mamã — supliquei.

A Mamã estava a limpar as faces da Alice com um toalhete de cozinha. Normalmente, a Alice chora apenas um bocadinho, com as lágrimas a escorrerem-lhe delicadamente pelas faces rosadas. Mas agora parecia que tinha aberto completamente a torneira: as lágrimas esguichavam, tinha o nariz a pingar e saliva a escorrer-lhe da boca. Estava quase feia, o que não era nada dela.

— Por favor não chores, Alice — pedi, abraçando-a e começando também a chorar alto.

— Oh, por amor de Deus, meninas! — disse a Mamã. — Não sejam tão tontinhas! Eu desisto! Não há motivo para chorarem. — Com isto, bateu-nos levemente com o toalhete nos nossos narizes ranhosos, voltou para o primeiro andar e entrou na casa de banho.

Olhei para a Alice. Ela olhou para mim. Dei uma enorme fungadela e limpei o nariz às costas da mão.

— Yuchh! — exclamou a Alice e pegou num toalhete para se assoar delicadamente.

— Gem — disse ela numa vozinha triste. — *Há* um motivo para chorarmos.

— Bem me pareceu — exclamei. Sentia-me como se estivesse no parapeito da janela do apartamento do avô, prestes a ser empurrada para o vazio imenso e cinzento.

— Não sei como hei-de dizer-te — declarou a Alice.

— Cospe tudo cá para fora de uma vez — disse eu, tocando-lhe nos lábios para tentar fazê-la mexer a boca. Ela fingiu que ia morder-me os dedos.

— Não tenho muito jeito para cuspir. Ao contrário de ti — sublinhou ela. (Uma vez fui a campeã incontestada do concurso da cuspidela mais salpicante, realizado atrás da barraca das bicicletas, na escola.)

Soltámos as duas umas risadas fracas, embora estivéssemos ainda a chorar.

— Queres que o diga por ti? Já não queres ser a minha melhor amiga — afirmei.

— Não, não é isso! — exclamou a Alice, mas parecia perturbada.

— Não faz mal. Quero dizer, *faz mal*, mas eu entendo perfeitamente. Não tenho a certeza se *eu* quereria ser a melhor amiga de mim própria. Sou barulhenta, tola e pouco asseada, estou sempre a partir coisas, e complico com o sistema nervoso de toda a gente.

— Não complicas com o *meu* sistema nervoso. Quero que sejas a minha melhor amiga para sempre, só que... só que...

— Só que, o quê? Que grande segredo é esse, Alice? Vá lá, tens de me contar.

— Como é que sabes que existe um segredo?

— Olha, peço imensa desculpa e eu sei que fiz uma coisa muito má e que agora não vais mesmo querer ser minha amiga, mas li o teu diário. Só uma ou duas linhas. Ontem. Bem, talvez tenha dado uma ou duas espreitadelas no passado mas, até agora, nunca tinhas escrito nada que fosse *segredo*...

— Gem, pára de balbuciar — pediu a Alice, pegando-me na mão. — *Continuo* a querer ser tua amiga — mas não te atrevas a ler o meu diário outra vez, sua porca curiosa! Mas prometi à minha mãe e ao meu pai que não contava a ninguém, nem sequer a ti, até estar tudo decidido. Mas não tardarás a saber o que é. Sabes, acho que vamos mudar de casa.

— Vão mudar-se? — perguntei. Senti-me como se o cinto mais apertado do mundo se tivesse de repente soltado, libertando o meu estômago. — É só isso? Oh, Alice, isso não tem importância. Para onde se vão mudar? Não te preocupes, mesmo que seja para o outro lado da cidade, peço ao Papá que me dê uma boleia no táxi, até à tua casa nova — não há nada mais simples.

— Vamos viver para a Escócia — disse a Alice.

— Para a Escócia? Mas isso fica a *centenas de quilómetros* daqui! Teria sido o mesmo se ela tivesse dito Timbuktu. Ou o Deserto de Gobi. Ou Marte. O cinto atou-se outra vez, apertando-se até eu quase não conseguir respirar.

— Mas, como é que eu vou conseguir ver-te?

— Eu sei, eu sei, é horrível, não é? — concordou a Alice, chorando outra vez.

— E a escola?

— Terei de ir para uma escola nova e não vou conhecer ninguém. Não terei amigos — soluçou a Alice.

— Mas, por que é que vais?

— Ofereceram ao Papá um novo emprego numa empresa escocesa e a minha mãe quer ir viver para lá porque poderemos ter uma casa maior. Vamos ter um jardim enorme, e a Mamã diz que poderei ter um baloiço e uma casa na árvore.

— *Eu* vou ter uma casa na árvore, tu sabes que vou... assim que o Papá tiver tempo — disse eu. — Ia ser a *nossa* casa na árvore.

— E poderei ter os animais de estimação que quiser.

— Tu também tens uma parte do *Doido Varrido*.

— A Mamã diz que talvez possa ter o meu próprio pónei.

Estaquei. — Um pónei! — Sempre ansiei ter um pónei. Quando era muito pequena, costumava segurar as mãos no ar, como se estivesse a segurar em rédeas e voava a galope, fingindo que estava a montar um cavalo branco imaginário, chamado *Diamante*. Bem, eu sei que chamam «ruços» aos cavalos brancos, mas o *Diamante* era branco como a neve e, às vezes, brotavam-lhe asas no dorso, como ao Pégaso, e levantávamos voo e voávamos por cima da cidade até chegarmos ao mar. Depois galopávamos durante horas, roçando as ondas.

Olhei espantada para a Alice. — Vais mesmo ter um pónei?

— Bom, a Mamã disse que podia ter um. E o Papá também, embora não o tenha prometido. A nossa mudança ainda não é definitiva. Ainda não deram nenhum prazo ao Papá para começar no novo trabalho e ainda não terminámos uma coisa qualquer relacionada com a escritura da casa, por isso ainda não vamos contar a ninguém.

— Mas eu não sou *ninguém*. Sou a tua melhor amiga! Por que é que guardaste segredo de mim? Eu rebentaria se não te contasse uma coisa destas!

— Eu sei, Gem. Foi por isso mesmo que não te contei. Terias contado a montes de gente porque não consegues manter segredos.

— Consigo sim! Bem, às vezes consigo. De qualquer maneira, por que é que tem de ser um segredo tão grande?

— Não queremos contar a ninguém até ao último minuto, porque os meus avós não vão gostar e vão tentar impedir-nos de ir.

Fiquei chocada. — Queres dizer que vão deixá-los para trás?

— Bem, o Papá diz que não temos outra solução — disse a Alice.

Eu não conseguia imaginar ter de deixar o avô para trás. Preferia deixar o Papá e a Mamã do que o avô. Mas deixaria os três se isso significasse que podia ficar com a Alice.

— Também vais deixar-me para trás — afirmei.

O rosto da Alice entristeceu. — Não sei como vou suportá-lo, Gemma. Disse à Mamã e ao Papá que não podia ir porque sentiria demasiado a tua falta. Eles apenas se riram e disseram que faria novas amizades — mas eu não quero amigos novos. Só te quero a ti.

— Continuas a ter-me. Podemos continuar a ser as melhores amigas. Já sei, vou visitar-te todos os fins-de-semana! Apanho o comboio — disse, começando a ficar excitada.

— Não podes, Gem. É uma viagem muito longa e muito cara também.

— Mais do que um bilhete de criança, de duas libras? — perguntei. Recebia uma semanada de duas libras. Bem, teoricamente recebia. Dependia se me tinha portado bem ou não, e se tinha partido alguma coisa. Resolvi que ia portar-me como uma Miss Perfeição daí para a frente.

Mas não adiantava nada.

— Custa quarenta e oito libras.

— O quê!

— E é a tarifa mais económica.

Teria de economizar durante quase seis meses só para lhe fazer uma visita.

— O que é que vamos fazer? — exclamei.

— Não podemos fazer nada. Somos apenas crianças. Não contamos para nada — declarou a Alice amargamente.

— Bem, disseste que ainda não está nada definitivo. Talvez o teu pai não seja escolhido para o cargo. Talvez eles vendam a casa a outra família e tu possas ficar aqui, onde pertences. Comigo — disse eu energicamente e com firmeza, como se a minha insistência conseguisse fazer com que isso se tornasse realidade.

Formulei esse desejo todas as manhãs. Rezei todas as noites para que isso acontecesse. Fiz toda a espécie de coisas estranhas para tentar torná-lo realidade. Tentei percorrer a rua inteira sem pisar nenhum risco no passeio, contei até cinquenta sem pestanejar, pontapeei todos os postes que encontrei, murmurando: «Por favor — por favor — por favor».

O avô ficou seriamente preocupado comigo. — O que se passa, minha *Iced Gem*?

— Nada, avô.

— Não me digas que não se passa nada. Andas a caminhar de uma forma estranha, ficas com os olhos brilhantes como se estivesses em transe, e dás voltas e voltas a todos os malditos postes que encontras, como se fosses um cachorrinho. É óbvio que *alguma coisa* se passa.

— Está bem, há uma coisa. Mas não te posso dizer o que é, avô. Quem me dera que pudesse.

— Não podes dizer-mo ao ouvido? Eu não fico zangado nem escandalizado com nada que possas ter feito, querida.

— Não fiz nada, avô. Desta vez não fiz nada — suspirei.

— Bem, essa é nova, não é? — comentou o avô, ofegando um pouco enquanto subíamos as escadas para o seu apartamento. O elevador estava outra vez avariado e era uma longa subida até ao décimo segundo andar.

Tentei subir as escadas aos saltos, mas não consegui subir mais de três degraus de cada vez. Depois experimentei subir a correr, mas senti-me mal por deixar o avô a subir sozinho. De seguida, tentei subir de lado, com os pés virados para fora.

— É melhor pedirmos à tua mãe para ir comprar-te uns sapatos novos no sábado — disse o avô, respirando asmaticamente. — Parece que esses sapatos já te estão um pouco pequenos. Estás a caminhar de uma forma muito estranha.

— Estou apenas a tentar fazer com que um desejo se realize, avô — esclareci. — Mas não está a funcionar porcaria nenhuma.

— Não é bonito usares essas palavras.

— Mas tu usa-las. Dizes coisas ainda piores.

— Pois digo, mas eu sou um velhote malandro. Eu posso dizer essas coisas, mas tu não. A tua mãe não ia gostar.

— Não me importo — disse eu. — Avô, por que é que as mães e os pais podem mandar em nós e dizer-nos o que devemos fazer e onde temos de viver? Por que é que as crianças não são consideradas *pessoas*?

— Espera só até chegares à minha idade, querida. Os velhotes como eu também não são considerados pessoas — disse o Avô. Estendeu o braço e apertou-me a mão na sua.

— Gem, tens a certeza de que não podes desabafar com o teu velho avô? Juro que não conto a ninguém.

Desta vez não consegui resistir a contar-lhe. Saiu-me tudo de atropelo e, a seguir, chorei durante algum tempo. O avô ajudou-me a entrar no apartamento, deixou-se cair na sua poltrona grande e aveludada, e sentou-me no seu colo. Abraçou-me até eu ter parado de chorar e depois enxugou-me os olhos com um dos seus grandes lenços brancos e macios.

Passado algum tempo, fez uma caneca de chá para cada um de nós.

— Que tal um lanchinho também? Depois daquela emoção toda aposto que estás com um pouco de fome — disse o avô. E deu-me uma sandes de melaço, uma fatia de bolo de morango e um pacote inteiro de *Iced Gems*. Cada vez que punha um *Iced Gem* na boca, desejava que a Alice não tivesse de se ir embora. Até fiz desejos com os pedacinhos de cobertura doce partidos e com as migalhas.

De nada adiantou. No sábado seguinte, a Alice e a mãe foram até nossa casa.

A minha amiga estava muito pálida e tinha os olhos vermelhos, como se tivesse estado a chorar muito. Mas a tia Karen estava corada de excitação, começando logo a falar mal entrou pela porta.

— Temos uma novidade para vos contar! — anunciou. — Vamo-nos embora.

A Alice lançou-me um olhar de aviso, por isso fingi que era a primeira vez que ouvia falar do assunto.

A minha mãe estava com um ar completamente atordoado enquanto a tia Karen falava sem parar. — Vão-se embora? Para a Escócia? Oh, Karen, até me custa a acreditar. É só uma ideia ou já está tudo arranjado?

— Há semanas que isto andava na forja, mas quisemos esperar que tudo estivesse decidido para contarmos a toda a gente. O Bob teve uma oferta de trabalho maravilhosa e vamos comprar uma casa absolutamente incrível, com um quintal enorme. Os imóveis são muito mais baratos lá, embora o Bob vá receber um aumento de salário considerável, é claro. É um lugar ideal para criar uma família, o campo é tão bonito. Era uma oportunidade tão fantástica que não podíamos recusar. Mas não deixa de ser doloroso. Vamos sentir imenso a vossa falta.

— Nós também vamos sentir saudades vossas — disse a minha mãe, abraçando a tia Karen. Depois olhou para a Alice. — Oh, querida, tu e a Gemma também vão sentir muito a falta uma da outra.

A Alice abanou tristemente a cabeça, as lágrimas escorrendo-lhe pelas faces.

— Oh, Alice, francamente! — ralhou a tia Karen. — Vá lá, sabes que também andas excitadíssima com a mudança. Queres o teu pónei, não queres, querida? E um quarto enorme com um assento especial junto à janela e beliches novinhos em folha...

— Posso ir visitar-vos e dormir num dos beliches? — perguntei.

— Gemma! — exclamou a Mamã.

— É claro que podes, Gemma — respondeu a tia Karen. — Teríamos muito prazer que fosses.

— *Quando* é que posso ir? — perguntei.

— Gemma, já chega! — ralhou a Mamã.

— Talvez... talvez nas férias do Verão? — disse a tia Karen.

Ainda faltavam meses e meses para as férias do Verão.

Pus-me a pensar como *um* só dia sem ver a Alice me parecia longo.

Pensei como seria sentar-me ao lado de uma mesa vazia na escola.

Pensei como me sentiria ao deambular pelo recreio sem ninguém com quem conversar.

Pensei como seriam os sábados e os domingos sem ter ninguém para vir brincar comigo.

Pensei como seria o meu dia de aniversário.

Pensei no *nosso* aniversário, em como nos tínhamos tornado amigas quando éramos ainda recém-nascidas, e em como desde então nos tínhamos ajudado uma à outra a apagar as velas do nosso bolo de aniversário e formulado os nossos desejos especiais...

E agora esses desejos jamais se poderiam realizar.

Olhei para a tia Karen. A sua boca abria e fechava como a de um peixe e as palavras saíam dela como bolhinhas de ar. A Tia ia ter um *Aga* na sua cozinha de campo, uma casa de banho privativa no quarto principal, um grelhador grande no pátio, e um quintal suficientemente grande para poder alojar um estábulo para um pónei. A Alice iria ter uma infância de sonho.

Apetecia-me enfiar-lhe uma rolha na boca, assá-la no seu *Aga*, enfiá-la na sanita da casa de banho privativa e puxar o autoclismo, espetá-la no espeto do seu grelhador e espezinhá-la até à morte com o pónei da Alice.

A Alice estava encolhida a um canto, a soluçar. Ela não queria viver numa casa grande com um quintal grande. Nem sequer queria um pónei, se isso significasse que não poderia partilhá-lo comigo.

Enchi o peito de ar, como se me preparasse para apagar sozinha, pela primeira vez, todas as velas do meu bolo de aniversário.

— A CULPA É TODA SUA! — gritei.

A tia Karen deu um salto. A Alice deu um gritinho abafado. A Mamã levantou-se como uma seta e agarrou-me pelos ombros.

— *Cala-te*, Gemma!

— Não calo! — rugi. — Não é *justo!* Odeio-a, tia Karen! Vai tirar-me a minha melhor amiga do mundo e nem sequer se *importa!*

— *Gemma!* — A Mamã abanou-me com força, cravando os dedos nos meus ombros. — *Pára* com isso!

Mas eu não conseguia parar e gritei com quanta força tinha. O Callum e a Ayesha, que estavam no jardim, entraram em casa a correr. O Papá desceu do primeiro andar, de robe. O Jack saiu do quarto e desceu à cozinha, e o *Doido Varrido* ladrava histericamente. Eu guinchava ainda mais alto e gritava com a Mamã, cada vez que ela me abanava.

O Callum pegou-me ao colo, segurando-me com força mesmo quando eu tentei bater-lhe. Carregou-me para fora da cozinha, escadas acima, até ao meu quarto. Depois sentou-se em cima da minha cama e embrulhou-me no meu edredão com golfinhos, como se embrulha um bebé num xaile.

Embalou-me para a frente e para trás, afagando o meu cabelo de piaçá, enquanto eu chorava desalmadamente. Eu sentia os seus braços a envolverem-me, mas tinha a sensação de que estava a cair, sozinha, ultrapassando os golfinhos do edredão, para as profundezas do oceano escuro.

4

Os pais da Alice fizeram uma festa para se despedirem de toda a gente.

— Até admira que te tenham convidado — disse a Mamã, com um olhar zangado. — A gritar como uma *banshee*[2]*!* Eu nem sabia onde enfiar-me. Faz outra gracinha dessas, minha menina, e levas uma tareia das antigas.

— Então, então, querida. Coitada da Gemma, estava perturbada — interveio o Papá.

— Ficará ainda mais perturbada se não se portar de forma impecável na festa — acrescentou a Mamã. — Vais dizer *por favor* e *obrigada*, Gemma. Vais sentar-te quietinha num sítio em vez de andares a correr por todo o lado, vais falar baixinho, não vais interromper as nossas conversas, vais comer como uma senhorinha, e vais fazer os possíveis por não entornar nada em cima do vestido.

— Que vestido? — resmunguei.

— O teu vestido de festa, sua tonta — respondeu a Mamã.

— Eu não vou vestir esse vestido! — exclamei.

A Mamã comprara-me nos saldos do ano passado um vestido verdadeiramente horrível, amarelo e cheio de folhos. Eu ficava ridícula com ele. O Callum e o Jack tinham-se rido como hienas quando a Mamã me obrigou a experimentá-lo. O Papá

[2] Espírito feminino do folclore gaélico que, com os seus lamentos, anuncia morte eminente na família. (*NT*)

disse que eu parecia um lindo narciso — mas depois desatou também à gargalhada.

Eu tinha arrancado o vestido do corpo e tinha-o enfiado no fundo do meu roupeiro, rezando para que nunca ninguém me convidasse para ir a uma festa suficientemente selecta que me obrigasse a vesti-lo.

— Esta não é uma *festa* festa — protestei. — Vai ser no jardim. A Alice não vai usar um vestido de festa. Mamã, por favor não me obrigues a vesti-lo. Vou ficar com um ar tão estúpido!

— Farás o que te mando. É a ocasião ideal. Tens de o vestir algumas vezes antes que deixe de te servir — declarou a Mamã.

Aposto como ela sabia que todos os outros miúdos iriam de calças de ganga ou calções. Estava apenas a vingar-se por eu ter sido tão mal-educada com a tia Karen.

Eu sabia que se refilasse demais a Mamã não me deixaria ir à festa, por isso tinha de ser um pouco engenhosa. Vesti uma *T-shirt* e uns calções por baixo do Desastre Amarelo e decidi rasgá-lo na primeira oportunidade que tivesse.

Mas ainda tinha de o usar até lá chegar. Agora que já me estava um pouco para o pequeno, com as cavas muito chegadas aos sovacos e a deixar ver demasiado as minhas pernas, ficava com um aspecto ainda pior.

— Era de esperar que tivesses crostas grandes e feias nos dois joelhos — disse a Mamã, puxando a saia para tentar fazer o vestido parecer mais comprido. — Tenta manter-te direita, Gemma. Tens o vestido a arrepanhar todo.

Estava a arrepanhar por causa da *T-shirt* e dos calções que tinha por baixo dele. Fugi rapidamente do alcance da Mamã, antes que ela me levantasse a saia e os descobrisse. O Papá repetiu o comentário do narciso quando me viu. Fiquei à espera que o Callum e o Jack desatassem de novo a rir histericamente, mas eu devia estar com um ar tão desgostoso que tiveram pena de mim. O Jack apenas abanou afirmativamente a cabeça na minha direcção, e o Callum deu-me uma palmadinha nas costas.

Ao chegarmos a casa da Alice tive uma sensação esquisita. A casa já estava com um aspecto diferente, com caixotes na entrada, e com as paredes sem quadros mas com os seus contornos marcados no papel.

Não encontrei a Alice entre os convidados que estavam no jardim, ou entre a multidão que ocupava a cozinha. A mãe também andava à sua procura, chamando: «Onde te meteste, Alice?» E já estava a ficar um pouco irritada.

Eu tinha quase a certeza de que sabia onde a encontrar. Espreitei para dentro do seu quarto, que estava com um ar vazio, com caixotes e sacos de lixo amontoados no centro da divisão. Abri o roupeiro da Alice. Lá estava ela, sentada de pernas cruzadas, na penumbra, abraçada ao Winnie the Pooh, o seu velho urso de *peluche*, e roçando a face contra o seu pêlo emaranhado como fazia quando era pequena.

— Oh, Alice! — exclamei.

Espremi-me para me sentar ao lado dela e abraçámo-nos, esborrachando o Winnie entre nós. Os vestidos, as saias e as calças de ganga da Alice faziam-nos cócegas na cabeça e os seus sapatos, ténis e sapatilhas de *ballet* picavam-nos o traseiro.

— Eu não quero ir — disse a Alice em tom de impotência.

— E eu não quero que tu vás — acrescentei eu.

— Tudo isto se tornou demasiado real — gemeu a Alice. — Esta manhã tive de arrumar as minhas coisas quase todas. Era como se fossem as *nossas* coisas, Gem, porque sempre brincámos juntas. A Mamã quer que eu deite montes de coisas fora — as minhas *Barbies* velhas, os meus lápis de cera, os meus ursinhos. Ela diz que não passam de brinquedos estragados, mas não são. São especiais.

— Mas *são* brinquedos estragados, Alice. Eu dei cabo deles todos. Cortei o cabelo às tuas *Barbies*, ou antes, praticamente ficaram carecas; carreguei demais com os lápis de cera ao desenhar o céu e a relva quando pintávamos juntas e o azul e o verde estão todos partidos; e fui eu quem deu aos teus ursinhos uma lição de natação no lava-loiças da vossa cozinha, por isso ficaram com o pêlo todo emaranhado. Eu não o faço de propósito, mas estrago sempre as tuas coisas.

— Não estragas nada. Bem, estragas, mas não me importo porque inventas sempre umas brincadeiras tão divertidas! Com quem é que eu vou brincar na Escócia, Gemma?

Fiz o ursinho de *peluche* dar-lhe uma grande beijoca no nariz.

— *«Podes sempre brincar comigo, desde que me dês muitas sandes de melaço»* — disse eu numa voz fininha de boneco.

— Alice? Alice, onde estás? — Ouvimos a tia Karen abrir a porta, suspirar, zangada, e depois fechá-la com um estrondo.

— A Mamã está a ficar mesmo zangada — sussurrou a Alice, nervosa.

— A minha mãe está *sempre* zangada comigo — disse eu, escarafunchando a ferida que tinha no joelho. — Quando é que vais deixar que a tua mãe te encontre?

— Nunca. Já não gosto dela.

— Eu *nunca* gosto da minha mãe.

— Então vamos ficar aqui, Gem. Quem me dera que pudéssemos ficar aqui juntas para sempre.

— Pois é. Eles que vão para a maldita Escócia, mas tu ficas aqui a viver no teu roupeiro. Eu venho viver aqui também. Podemos mandar o Winnie procurar comida. — Fiz o ursinho dela saltar de um lado para o outro, de excitação. — *Sandes de melaço!* — disse «ele». — *Que delícia!*

— Não podemos viver de sandes de melaço — objectou a Alice.

— *Podemos sim. Elas são muito nutritivas* — respondeu o Winnie the Pooh.

A Alice afastou-o com um empurrão. — Gem, estou a falar a sério. As sandes do Winnie são apenas de faz-de-conta. Como é que iríamos arranjar comida de verdade? Podes ir sorrateiramente lá abaixo à cozinha roubar um carregamento de comida da festa? Há toneladas e toneladas dela. Ontem, a Mamã esteve na cozinha o dia todo. Dava seguramente para uns dois dias.

— Estás louca, Al. Não podemos mesmo ficar aqui no teu roupeiro. Eles não tardarão a encontrar-nos e tu sabes disso.

— Então vamos fugir, antes que nos encontrem — disse a Alice, agarrando-me nas mãos. — Vá lá, Gem. Vamos fugir mesmo.

— Está bem. Vamos fugir! Mas eles virão atrás de nós, não é? As nossas mães terão um ataque de nervos e irão à polícia para darem as nossas descrições. *Encontram-se Desaparecidas: Uma menina de cabelo loiro, comprido, vestida de cor-de-rosa, e outra com cabelo curto e espetado, vestindo um monte de horríveis folhos amarelos.* Muito embora eu possa tirar isto — disse eu, tentando desenvencilhar-me do horrível vestido.

— Já sei, mudamos as duas de roupa e vamos disfarçadas! E eu posso pôr a trança preta que usei quando fiz aquela dança chinesa no *ballet* — sugeriu a Alice ansiosamente. — É pena que não tenha duas perucas.

— Não preciso de peruca — disse eu, despindo o vestido e fazendo uma pose, com os meus calções e *T-shirt*. — Posso fingir que sou um rapaz.

— Excelente ideia! Podes usar também o meu boné de basebol. Assim ficarás ainda mais com ar de rapaz. E eu vou vestir uma das minhas saias e *T-shirt* velhas. Talvez possa rasgá-las um pouco para ficar com ar de rapariga durona.

A Alice não tinha um ar nada durão com a sua peruca brilhante, saia e *T-shirt* azul-claras, nem mesmo depois de ter feito um grande buraco na *T-shirt* com a tesoura.

— A Mamã vai zangar-se comigo quando vir — disse ela, enfiando o dedo no buraco.

— Bom, mas ela não vai ver, pois não? — respondi eu. — Vamos ser só tu e eu, Al. — Fiz uma pausa, fazendo o Winnie dar um salto. — *E eu também* — disse «ele».

— Será que devíamos meter algumas coisas num saco? Talvez uns pijamas, cuequinhas lavadas e alguns artigos de *toilette*? — perguntou a Alice.

A mãe da Alice percorreu novamente o patamar, chamando por ela. Parecia estar a ficar seriamente enervada.

— Não temos tempo para fazer saco nenhum — esclareci eu. — Embora desse um jeitão se pudesses levar algum dinheiro.

— Isso não é problema — afirmou ela, atacando a barriga do seu porco de porcelana. Retirou a tampinha de plástico e ele encheu-lhe a mão de dinheiro — várias notas de cinco e dez libras bem como montes de moedas.

— Uau! Estamos ricas! — exclamei.

Enchemos os bolsos de dinheiro e pusemo-nos à escuta. A mãe da Alice parecia ter descido para o rés-do-chão, estando demasiado longe para nos ouvir.

— Acho que a costa está livre — disse eu. — Anda!

Saímos do roupeiro de gatas e atravessámos o quarto a correr. A Alice levava o urso debaixo do braço e lançou um olhar desejoso à sua caixa de jóias, ao seu estojo júnior de maquilhagem e à boneca da minha avó, que estava sentada rigidamente em cima da estante.

— Vamos levar também a *Melissa* — disse. — Ela pertence às duas.

— Vai ser uma seca termos de carregar com ela para todo o lado — respondi. — E um rapaz e uma rapariga durona não iriam andar por aí com uma boneca de porcelana tão fina. Já temos um aspecto suficientemente estranho com o Winnie, embora ele tenha um aspecto coçado.

O *peluche* deu-me uma patada. — *Fala por ti! Tu é que tens um ar coçado — disse «ele». — Olha, podíamos fugir e juntar-nos a um circo e eu podia ser o vosso ursinho artista. Vocês as duas podiam ser as minhas treinadoras. Tu podias usar cartola e casaca como um animador de circo, Gemma, e tu, Alice, podias usar um vestido de* ballet *cor-de-rosa.* — Depois mudei para a minha própria voz.

— Ei, podíamos ter o nosso próprio circo, não podíamos? Eu podia subir ao trapézio e andar no arame, e fazer acrobacias no trampolim... eu ia adorar isso... e tu podias montar um cavalo, branco como a neve, sem sela.

— Chamam-se ruços.

— Eu sei, mas parece-me uma tolice porque o que queremos dizer é que são brancos. Ei, talvez pudesse ser um cavalo voador, com asas como o Pégaso, e voarias até ao tecto da tenda...

— As tendas de circo não têm tectos.

— Alice, pára de ser tão picuinhas! Estamos apenas a *brincar*.

— Sim, mas isto não é uma brincadeira. Isto é real. É *real*, não é? Podemos fugir de verdade?

Fiquei com um nó no estômago. Pensei que estávamos apenas a fazer de conta. Sabia que seria muito perigoso se fugíssemos sozinhas. Pensei na aflição que a Mamã e o Papá sentiriam se desaparecêssemos por algumas horas que fossem. O Callum também ficaria preocupado. Até o Jack ficaria preocupado. Depois pensei no avô e no efeito que a nossa fuga teria sobre ele. Na realidade, ele não andava muito bem de saúde. Tinha começado a respirar asmaticamente quando íamos passear e precisava de parar constantemente para descansar quando subíamos escadas. E se o choque da notícia do meu desaparecimento lhe provocasse um ataque de coração?

Mas a Alice agarrou-me as mãos com força, os seus olhos muito grandes, azuis e suplicantes. Não podia desiludi-la.

— É claro que vamos mesmo fugir — respondi, deixando cair o Winnie de cabeça, para mostrar que já não estava a brincar. — Vamos lá então. Vamos pôr-nos a caminho.

Saímos cautelosamente do quarto, com os ouvidos bem atentos. Não conseguíamos ouvir a mãe da Alice. Talvez tivesse ido procurá-la no jardim. Descemos rapidamente as escadas, desviámo-nos de um tio idoso qualquer e saímos pela porta da frente a correr, antes mesmo que ele tivesse tido tempo de inspirar novamente.

Corremos velozmente pelo carreiro à frente da casa e eu saltei o portão, só para me armar, e depois agarrei na mão da Alice e corremos rua abaixo. Era uma sensação tão estranha estarmos as duas sozinhas na rua. Apesar de estarmos apenas na rua da Alice, com as suas bonitas casas pretas e brancas, com jardins bem cuidados e sebes aparadas, parecia que estávamos a abrir caminho por entre a selva, com leões a espreitarem das sombras e cobras a deslizarem por entre a vegetação rasteira.

— Não te preocupes, Alice. Vai ficar tudo bem — sosseguei-a.

— Vamos continuar a correr, no caso de terem vindo atrás de nós — disse a Alice.

Continuámos a correr sem parar. Eu estou acostumada a correr, por isso não me custou muito. Mas a Alice odeia correr, e quando chegámos ao fim da rua já estava com o rosto cor-de-rosa e tinha a peruca negra de esguelha.

— Talvez fosse melhor abrandarmos um pouco agora? — sugeri.

— Não! Temos... de... nos... afastar... muito! — disse a Alice com dificuldade.

Por isso continuámos a correr. Por esta altura, já a Alice estava vermelha e a peruca tinha-lhe deslizado tanto para a testa que quase não conseguia ver por onde ia.

Passámos pelas lojas da praça e eu pensei em perguntar à Alice se podíamos comprar uns rebuçados, mas não me pareceu ser o momento ideal para o fazer. Tentei ignorar o facto de estar morta de fome.

Passámos a correr pelo jardim público, com os seus minúsculos baloiços para bebés nos quais tínhamos baloiçado dia após dia quando estávamos na creche. De seguida passámos pela nossa escola, que estava fechada por ser domingo.

— Fugir de casa tem uma coisa boa: não temos de ir mais à escola! — arfei.

A Alice estava tão sem fôlego que não conseguiu dizer uma palavra sequer, mas conseguiu dizer que sim com a cabeça.

Descemos a correr a rua que tinha a igreja com a torre de relógio.

— Já somos fugitivas há quinze minutos — disse eu, ofegante. Olhei para trás. — Al, eles não vêm atrás de nós, a sério. Levarão algumas horas a descobrir que fugimos. Por favor, vamos parar de correr.

A Alice parou. O seu rosto estava agora roxo, tinha as veias da testa salientes e os olhos transpareciam agonia. Encostou-se à parede, com as mãos a apertarem a cintura, de lado. Estava a fazer mais barulho do que o avô a respirar.

— Estás com dor de burro? Inclina-te para a frente, que passa — aconselhei, dando-lhe umas palmadinhas amigáveis.

A Alice inclinou o tronco para a frente. Parecia tão frágil que receei que continuasse a inclinar-se até bater com a cabeça no passeio. Agarrei-a pela cintura e amparei-a.

— Pronto! Estás melhor? — perguntei uns segundos depois.

— Nem... por... isso.

— Senta-te — sugeri.

Eu referia-me ao muro baixinho que estava atrás de nós, mas a Alice deixou-se cair ali mesmo no passeio, sem se preocupar em sujar o vestido. Na realidade deitou-se no chão, com as mãos sobre o peito e de olhos fechados.

— Ela está bem? — perguntou uma senhora que empurrava um carrinho, olhando para a Alice estendida no chão.

— Está óptima — insisti eu, embora a Alice não parecesse nada estar óptima. Parecia estar morta. Dei-lhe um toque com o pé. — Levanta-te, Al. Deixa-te de brincadeiras.

A Alice sentou-se com dificuldade. Tentou sorrir para a mulher para lhe mostrar que estava bem, mas continuava com um ar assustador.

— Onde está a tua mãe, querida? — inquiriu a senhora.

A Alice pestanejou.

— Está naquela loja, ao fundo da rua — apressei-me a responder. Puxei pelo braço da Alice. — Anda, vamos ter com a tua mãe. — Puxei-a até ela se pôr de pé e arrastei-a, cambaleando.

— Mais... devagar... ainda... não... consigo... respirar — arquejou ela com dificuldade.

— Eu sei, mas estás a fazer com que aquela senhora fique desconfiada. Não devemos dar nas vistas senão as pessoas começam a participar de nós. Temos de ser mais sensatas.

— Não... foste... sensata... ao dizeres... o... meu... nome.

— Não disse nada.

— Disseste sim. Disseste-o bem alto. Disseste Al.

— Bem, Al pode ser um nome qualquer. Pode ser a abreviatura de Alexandra, ou Alicia, ou... ou Ali Babá.

— Cala-te.

— Está bem, talvez seja melhor arranjarmos nomes novos, só para evitarmos mais suspeitas. Eu agora sou um rapaz, por isso serei... o Michael. Sou adepto do Liverpool e acho o Michael Owen o máximo.

— *Okay*, Michael — disse a Alice a rir. Tinha finalmente recuperado o fôlego. — E eu, como me hei-de chamar? Britney? Kylie? Sabrina?

— Elas são todas loiras. Tu agora és morena — disse eu, endireitando-lhe a peruca.

— Talvez devesses ter um nome chinês.

— Não conheço nenhum. Tenho mesmo de usar peruca? Faz-me tanto calor e comichão.

— É vital que a uses. Eles não tardarão a colocar um anúncio na televisão e dirão que tens cabelo comprido e loiro e é isso que vai ficar na memória das pessoas. Se tiveres tranças pretas e eu estiver a passar por rapaz, ninguém olhará duas vezes para nós.

A Alice suspirou e soprou para cima, para se refrescar, mas não protestou mais.

— Estás um pouco parecida com a Justine da série da TV, *Tracy Beaker* — comentei. — Podes ser a Justine. É um nome fixe.

— *Okay*, Justine. Gosto desse nome. Então agora somos a Justine e o Michael para sempre?

— Somos. E se tivermos de ir para uma escola nova, eu continuo a ser o Michael e poderei fazer parte das melhores equipas de futebol e ter o meu próprio grupo de malta. Mas brincarei sempre contigo à hora do almoço, Al... Justine.

— Sim, mas... que escola?

— Bem... — fiz um gesto vago.

— Para onde é que vamos?

Pensei cuidadosamente. Para onde poderíamos ir? Pensei em todas as férias que tinha tido e em todos os passeios que tinha dado. Lembrei-me de uma loja de brinquedos enorme, de uma grande roda gigante e de um museu com dinossauros gigantescos.

— É simples. Vamos para Londres — respondi. — Anda daí, vamos para a estação dos comboios. Temos montes de dinheiro. Vamos apanhar um comboio.

5

A caminho da estação dos comboios, perdemo-nos. A Alice achava que a estação ficava muito perto da igreja que a avó frequentava, pois tinha ouvido os comboios a passar quando devia estar a rezar. Eu tinha quase a certeza de que ela estava enganada, mas não me pareceu a altura certa para termos uma discussão, portanto, fomos a pé até à igreja.

— E se a tua avó nos vir? — perguntei.

— Ela está em minha casa, na festa, a comer o churrasco, sua tonta — respondeu Alice. — Foi à missa esta manhã. Acho que a igreja está fechada da parte da tarde.

A igreja não estava fechada. Havia grupos de pessoas espalhados pelo relvado, a conversar e a posar para fotografias; as senhoras de vestidos floridos e de cores vivas e os homens de fato, com ar pouco confortável e a meterem os dedos nos colarinhos apertados.

— É um casamento? — perguntei. Nisto vi uma senhora rechonchuda com um vestido de *chiffon* cor-de-rosa, parecendo um merengue muito grande. Tinha ao colo um bebé vestido com um vestido branco, comprido e cheio de folhos. — Ah, já percebi. É um baptizado!

Eu tinha ido ao baptizado da Alice. A Mamã dera-me um biberão extragrande de leite para me manter sossegada e eu vomitara as costas do seu fato lilás. Ela não ficou lá muito satisfeita. Ofereci à Alice um conjunto de caneca, tigela e prato, com bonecos. Ela ainda os tem, guardados em segurança no armário das porcelanas da mãe, na sala de estar deles.

A Alice também foi ao meu baptizado. Eu estava cheia de fome porque, desta vez, a Mamã não tinha arriscado dar-me de comer. Choraminguei durante a cerimónia inteira e, quando o padre começou a atirar-me com água para cima, berrei que me fartei. Contorcia-me de tal maneira que o padre teve dificuldade em segurar-me ao colo. A Mamã não ficou *nada* satisfeita.

A Alice deu-me um conjunto de caneca, tigela e prato, com bonecos. Deixei cair a caneca ao chão e parti-a logo na primeira vez em que a utilizei. Fiz tartes de lama na tigela e ela teve de ser deitada fora. Ainda tenho o prato, mas está rachado de alto a baixo, no meio, e tem as bordas lascadas.

— Por que é que eu estrago sempre tudo, Alice? — perguntei, suspirando.

— Chamo-me *Justine* — emendou a Alice.

— Desculpa! — respondi, lançando um olhar preocupado ao grupo do baptizado, no caso de estar alguém a escutar. — Eu sou o Michael.

— Anda, Michael — chamou a Alice, dando ênfase ao meu nome novo.

— Vamos a isso, Justine — disse eu. Tentei caminhar com ar de arrogância, como um rapaz fixe a sério.

— Gemma! Alice! — gritou alguém.

Um rapaz gordo correu na nossa direcção, berrando os nossos nomes. A princípio não o reconheci porque estava espremido dentro de um fato cinzento, todo arrepanhado e amarrotado. Parecia um elefante bebé.

— Oh, não — sussurrou a Alice.

— Oh, sim — disse eu.

O bebé elefante era o velho Bolachas, o rapaz que andava na nossa turma.

— Por que é que estás a caminhar dessa forma esquisita, Gemma? — perguntou ele. — E por que é que estás a usar essa peruca preta e estranha, Alice?

— Cala a boca, Bolachas! Estamos disfarçadas — sibilei eu. — Estou a fazer-me passar por um rapaz.

O Bolachas pestanejou. — Também estás a fingir que és um rapaz, Alice?

— Não, ela é uma rapariga, seu maluco, tem um vestido. Mas tem uma trança preta, portanto também está disfarçada.

— Cala-te, Gem. Não lhe contes — disse a Alice, puxando-me pelo braço.

Ela nunca gostou muito do Bolachas. Era frequente irritar-se quando ele e eu começávamos a desafiar-nos um ao outro para fazermos certas coisas.

— Continua. Isto é muito intrigante — insistiu o Bolachas. — Conta lá o que andam a tramar, Gemma.

— Conta-nos *tu* o que andas a fazer com esse fato ridículo — contra-ataquei.

— *Ya*, eu sei que fico com um ar estúpido — disse o Bolachas. — Foi a minha mãe que mo obrigou a vestir. — Ele indicou a senhora-merengue cor-de-rosa, com o bebé dos folhinhos. — Aquela é a minha mãe. E a bebé é a minha irmãzinha, a Polly. Ela acaba de ser baptizada. Vamos ter uma festa em casa. Há seis variedades de sandes, batatas fritas e salsichas e essas coisas assim. O bolo de baptizado tem uma cobertura de açúcar, branca e grossa com «Polly» escrito a cor-de-rosa, e um bebé cor-de-rosa, de maçapão. Fui eu quem ajudou a Mamã a fazer o bolo e ela prometeu que eu é que vou comer a fatia que tiver o bebé.

— Yuchhh! — disse a Alice, puxando-me novamente. — Vamos embora!

— Vão embora para onde? — perguntou o Bolachas. — Onde estão as vossas mães? Andam sozinhas na rua?

— Não — explicou a Alice. — A minha mãe está já ao virar da esquina. — Ela não tem tanto jeito quanto eu para mentir.

— Mentira! — exclamou o Bolachas. — *Qual* esquina? Ei, vocês não estão a fugir de casa, pois não?

Ficámos as duas petrificadas.

— Não sejas idiota! — retorqui.

— Sou eu mesmo. Um idiota. Sou especialista nisso — disse o Bolachas, entortando os olhos e deixando pender a língua ao canto da boca. Depois parou de fazer caretas e assumiu uma expressão séria. — Estão *mesmo* a fugir! *Vocês* é que são as idiotas. É por causa da Alice se ir embora, não é?

— Não é nada. É claro que não estamos a fugir de casa — respondi eu, furiosa por ele ter levado apenas alguns segundos a descobrir o que se passava. O Bolachas era assim mesmo. Tinha ar de tonto e passava tanto do seu tempo a agir como se o fosse, que até nos esquecíamos que tinha um cérebro brilhante dentro da sua cabeça grande.

— Estás a fazer *bluff*, Gem. Sei sempre quando estás a fazer *bluff*. Lembras-te quando disseste que não estavas nada maldisposta quando fizemos aquele concurso das sandes esquisitas e tu comeste a minha sandes de couves de Bruxelas frias com leite-creme encaroçado? E o que aconteceu depois, humm?

— Cala-te! — disse eu com voz fraca, o meu estômago revolvendo-se ao lembrar-me.

— Não te metas onde não és chamado, Bolachas — gritou a Alice. — Vamos embora *já*, Gemma!

— É apenas uma brincadeira? — perguntou o Bolachas. — Não seriam assim tão doidas, pois não? Como é que vão arranjar comida?

— A tua prioridade número um só podia ser a comida — alfinetei. — Não te preocupes. Temos montes de dinheiro. Agita os bolsos, Alice.

— Mas para onde vão? Quem vai tomar conta de vocês? O que é que fazem se um psicopata assustador se meter convosco?

— Vamos apanhar o comboio para Londres. Tomaremos conta de nós próprias, e se algum psicopata assustador se aproximar de nós cuspo-lhe para a cara e dou-lhe um valente pontapé — retorqui armando-me em má. Depois deixei que a Alice me puxasse rua abaixo.

O Bolachas ainda nos chamou, aos gritos. A mãe dele olhou para nós também, assim como alguns dos convidados do baptizado.

— Bolas! É melhor sairmos daqui — disse eu.

Por isso, desatámos novamente a correr. Fartámo-nos de correr, cada vez mais depressa. A Alice ficou outra vez com o rosto afogueado e não tirava a mão da cintura. Eu sabia que ela estava com uma tremenda dor de burro. E eu também, mas não podíamos parar senão éramos apanhadas. Descemos a rua com dificuldade, não nos atrevendo a olhar para trás para vermos se estávamos a ser seguidas. Ao contornarmos a esquina vi um autocarro que dizia na frente AVENIDA DA ESTAÇÃO.

— Depressa! Sobe, Alice!

O autocarro seguiu o caminho longo até à estação, mas foi bom sentarmo-nos para recuperarmos o fôlego.

— Não entendo por que tinhas de engraçar com aquele estúpido do Bolachas — disse a Alice. — Não posso com ele.

— O Bolachas não é má pessoa, embora estivesse com um ar ridículo com aquele fato!

— Ele *é* ridículo. É tão gordo! — acrescentou a Alice, enchendo as bochechas de ar para o imitar.

— Ele não tem culpa disso.

— É claro que tem! Não pára de dar ao dente o dia todo.

— Por falar em dar ao dente, estou faminta! Não devíamos ter fugido antes do churrasco — disse eu, esfregando o estômago, que roncava.

— Quando descermos do autocarro, compramos qualquer coisa para comer — disse a Alice. — Será que nunca mais chegamos à estação?

Mal o autocarro entrou na Avenida da Estação, tocámos no botão para sair. Mas precipitámo-nos um pouco. A Avenida da Estação revelou ser uma rua muito, muito comprida. Entrámos numa tabacaria e escolhi uma tablete de chocolate *Galaxy*, um *Mars* gigante, um pacote de batatas fritas de sal e vinagre e um *Cornetto*. A Alice escolheu um pacote de *Marshmallows* cor-de-rosa e brancos. Acho que os escolheu por serem bonitos. Só comeu dois, por isso eu dei-lhe uma ajuda.

— Se não tiveres cuidado, ainda ficas gorda como o Bolachas — avisou a Alice.

— Não gostas mesmo do pobre Bolachas — disse eu, fazendo uma sandes estranha mas deliciosa de chocolate e *Marsmallows*. — Talvez fosse bom se eu ficasse um pouco mais cheiinha. Agora que somos fugitivas, tenho de ter um aspecto totalmente diferente. Se, ao menos, conseguisse crescer em altura em vez de em largura, podia arranjar um emprego qualquer e assim ganharia algum dinheiro para nós.

Já tinha visto rapazes a trabalharem no mercado, a correrem de um lado para o outro, a fazerem recados e a seleccionarem coisas. Eu tinha jeito para correr, para fazer recados e para seleccionar coisas.

— Eu poderia fazer isso sem qualquer problema — afirmei, apertando levemente a mão da Alice, para a reconfortar.

— Estás toda peganhenta — disse ela, mas retribuiu-me o aperto. — *Okay*, se conseguires o emprego, eu faço as compras, cozinho e trato da casa. Eu sei cozinhar. Bem, sei fazer torradas e ovos cozidos e coisas enlatadas, como feijões com molho de tomate.

— Adoro feijões com molho de tomate — respondi, mas estava ainda a pensar na parte do «tratar da casa». *Que casa?*

A Alice também estava a pensar nisso. — Onde é que vamos viver, Gem? — perguntou numa voz muito fininha. Estava com ar de quem ia começar a chorar a qualquer momento.

— Isso é simples — respondi com segurança. Não suporto ver a Alice a chorar, muito embora ela o faça muito frequentemente. — Deve haver montes e montes de casas vazias em toda a cidade de Londres. Procuramos uma e metemo-nos lá dentro. Eu trepo pela janela — sabes que tenho jeito para trepar. Limpamos a nossa casa e tornamo-la confortável. Será a nossa casinha, como aquelas casinhas de cartão que costumávamos fazer no jardim quando éramos pequenas, lembras-te?

— Está bem — concordou a Alice, embora as lágrimas começassem a escorrer-lhe pelas faces.

Ambas sabíamos que não estava nada bem. Não éramos meninas de cinco anos a brincar com conjuntos de chá de plástico, com ursos de *peluche* e com *Barbies*. Éramos duas raparigas que estavam a fugir de casa. Não fazíamos ideia para onde iríamos quando chegássemos a Londres. O psicopata assustador do Bolachas começava a perseguir-me em pensamentos.

— Londres, aqui vamos nós — disse eu, quando avistámos a estação, lá longe, ao fundo da rua.

Caminhámos direitas, de mão dada, sorrindo encorajadoramente uma para a outra. A Alice ainda tinha lágrimas a escorregarem-lhe pelas faces, mas fingimos que não as víamos. Entrámos na estação e dirigimo-nos à bilheteira.

— Queríamos dois bilhetes de criança para Londres, por favor — pedi, com ar muito sério.

Tinha passado os últimos cinco minutos a ensaiar mentalmente o que iria dizer.

— Vêm acompanhados por quem? — perguntou o homem que vendia os bilhetes.

Eu já estava preparada para esta pergunta. — Estamos com o nosso pai — respondi. — Ele foi ao quiosque comprar o jornal.

O homem lançou-me um olhar desconfiado. — E o bilhete dele?

— Ele não precisa. Tem um bilhete de temporada — menti.

A Alice olhou-me com admiração. O homem dos bilhetes pareceu ficar convencido.

— Simples ou ida e volta? — perguntou.

— Simples — disse a Alice. — Não vamos regressar.

— Então são quinze libras, querida — disse o homem.

Senti-me como se tivesse levado quinze murros no estômago.

— *Quinze libras?*

— Pelos dois bilhetes — confirmou o homem.

Mal podia acreditar que os bilhetes fossem tão caros. A Alice remexeu os bolsos à procura do dinheiro. Tirou deles uma nota de cinco libras, muito dobradinha, e cinco moedas douradas de uma libra. Depois tirou mais uma moeda de uma libra, e mais outra, e duas moedas de cinquenta *pence*. Foi contando o dinheiro, tirando-o dos restantes trocados que tinha nos bolsos, enquanto o homem dos bilhetes limpava os dentes com a língua.

O chocolate, as batatas fritas e os *Marshmallows* davam cambalhotas no meu estômago, como um guisado de doces que tivesse azedado. Se não fosse tão lambona, teríamos dinheiro mais que suficiente. Senti-me tão envergonhada!

— Vinte *pence*, cinco *pence*, um, dois, três, quatro, cinco, seis... e dois montinhos de dois *pence*. Pronto! — disse a Alice. — Aqui tem. Quinze libras.

Colocou o dinheiro no tabuleiro móvel. O homem demorou muito tempo a contá-lo, verificando a contagem duas vezes, mas depois emitiu os bilhetes na sua máquina.

Agarrámos neles depressa antes que ele mudasse de ideias, e corremos pelo túnel, até à plataforma. Era um túnel comprido, que fazia eco, portanto dei um uivo que ecoou por todo o lado, como se estivessem cinquenta Gemmas a uivar num coro selvagem.

— Shhh! — sibilou a Alice e fomos repreendidas por cinquenta «Shhhs» sussurrantes.

Desatámos as duas à gargalhada e o nosso riso ecoou por cima das nossas cabeças, enquanto corríamos pelo túnel.

— Conseguimos! — exclamei, dando um grande abraço à Alice quando chegámos à plataforma. O comboio para Londres estava a ser anunciado no quadro de informações e devia chegar dentro de dois minutos.

— Conseguimos mesmo. *London*, cá vamos nós!

Não tínhamos conseguido coisa nenhuma.

Não chegámos a Londres.

Ouvimos gritos vindos do parque de estacionamento que havia por trás da plataforma. Vimos um táxi e os meus pais e os pais da Alice a saltarem dele, agitando os braços e gritando os nossos nomes.

— Oh, não! — disse eu, agarrando na Alice. — Corre! Depressa!

Não tínhamos nenhum sítio para onde correr. Estávamos encurraladas na plataforma.

Vi o comboio para Londres a aproximar-se à distância.

— Vá lá, comboio, por favor! — supliquei, tentando fazer com que ele andasse mais depressa para podermos saltar para bordo e partir para a nossa nova vida em Londres. Mas ele estava ainda do tamanho de um brinquedo e os nossos pais estavam a começar a correr pela plataforma.

O pai da Alice pegou nela ao colo. A mãe desatou a chorar. A *minha* mãe agarrou-me pelos ombros e sacudiu-me até eu ficar com um rugido nos ouvidos, ainda mais alto do que o som do comboio que se aproximava.

6

Todos pensaram que a ideia de fugirmos tinha sido minha. Decidi que não me importava. No fim de contas, não queria meter a Alice em sarilhos.

Eu estava metida num GRANDE, GRANDE, GRANDE sarilho. A minha mãe estava tão zangada comigo! Conseguiu controlar-se e não falar muito à frente da família da Alice, mas quando chegámos a casa sacudiu-me outra vez e fartou-se de gritar, com o rosto tão encostado ao meu que mo salpicou com saliva. Ela queria que eu chorasse e dissesse que estava arrependida. Eu cerrei os dentes e olhei-a de frente. Não ia derramar uma única lágrima. Não à sua frente. Não estava nada arrependida. Quem me dera ter fugido para sempre.

A Mamã mandou-me para o quarto. Deitei-me na cama, com a cara enfiada na almofada. Passado algum tempo, o Papá subiu até ao meu quarto e sentou-se na cama ao meu lado, dando-me palmadinhas desajeitadas nas costas.

— Pronto, Gem, não chores — pediu ele.

— *Não estou* a chorar — respondi, com a cabeça ainda enterrada na almofada.

— Sei que a Mamã exagerou um bocado, amor. Mas pregaste-nos cá um susto! Ficámos tão chocados quando recebemos o telefonema da Mrs. McVitie a dizer que vocês as duas andavam por aí sozinhas e iam a caminho da estação...

O Bolachas, aquele traidor! Tinha-nos denunciado. A Alice tinha razão. Queria atafulhar-lhe aquela bocarra gorda com tantas das suas bolachas preferidas — *wafers* e biscoitos amanteigados, pastéis com creme, bolachas com doce e bolos de uísque — que ele sufocaria.

— Tens ideia de como é perigoso afastarem-se dessa maneira? Duas meninas pequenas sozinhas na rua... — O Papá estremeceu, ao ponto de abanar a cama. — Podia ter-vos acontecido uma série de coisas. Tens de prometer que nunca mais voltas a tentar fugir, estás a ouvir-me?

Eu não queria ouvi-lo. Tapei os ouvidos com as mãos e, passado um bocado, ele afastou-se em silêncio.

Fiquei ali deitada, sem tirar a cabeça da almofada. Mas depois, mesmo com os ouvidos tapados, ouvi o som do táxi do Papá a trabalhar. Corri para a janela. A Mamã estava sentada no banco de trás, com um ar de poucos amigos.

Pus-me a bater no vidro. — Vão voltar para casa da Alice? Deixem-me ir também! *Por favor!* Não me despedi dela!

A Mamã e o Papá não olharam para cima. O táxi afastou-se. Saí do quarto aos tropeções, mas o Callum apanhou-me no patamar.

— Larga-me! Tenho de ir a casa da Alice! — gritei.

— Não podes, Gem. Lembra-te de que caíste em desgraça em ambas as casas. Pára de estrebuchar, miúda. Aiiii! Não me dês pontapés. Eu estou do teu lado!

— Então leva-me até ela! Leva-me na tua bicicleta, Callum, por favor, por favor!

— Olha, mesmo que eu te leve, eles não te deixarão falar com a Alice. Os pais dela ficaram completamente loucos quando souberam do vosso desaparecimento. Devias tê-los ouvido.

— Não sei porquê. Estão-se nas tintas para nós, caso contrário não nos separavam — disse eu, mas deixei de lutar contra o Callum. — Ninguém parece importar-se comigo, com a Alice e com o que *nós* queremos. Imagina como te sentirias se não te deixassem ver mais a Ayesha.

— Bem, mas isso é diferente.

— Não é nada! — gritei, cerrando os punhos e dando-lhe murros no peito. — Só porque somos crianças, vocês acham que não temos *sentimentos*.

— *Okay, okay!* Não te exaltes outra vez. E pára de me bater! — ralhou, agarrando-me pelos pulsos.

Tentei dar-lhe um pontapé na canela, mas certifiquei-me de que apenas o apanhava de raspão com a ponta da sapatilha. Sabia que o Callum tinha razão. Ele não ajudava muito, mas estava do meu lado.

O Jack manteve-se bem à distância. Ele detesta qualquer tipo de confusão. Mas o *Doido Varrido* foi visitar-me quando marchei de volta para o meu quarto. Saltou para cima da cama e lambeu-me a cara, cheio de amor. Esta não é uma experiência tão agradável quanto isso, pois, por mais vezes que o Jack lhe dê banho e lhe lave os dentes, o *Doido Varrido* é um cão um pouco malcheiroso. Mas estava a tentar reconfortar-me.

Nisto ouvi o táxi do Papá a regressar. A porta da frente bateu e ouvi o som de passos a subirem as escadas e depois os sapatos de salto alto da Mamã a enterrarem-se na alcatifa. Ela abriu a porta do meu quarto com força, segurando na mão o vestido cor-de--canário amarrotado, que atirou para cima da minha cama.

— Espero que estejas contente, minha menina! Arruinaste a festa. Tiveram de chamar um *médico* porque a mãe da Alice ainda estava histérica. Os convidados foram todos para casa, envergonhados, e deixaram cinquenta bifes, cinquenta metades de frango e cinquenta batatas cozidas, que se vão estragar. Já para não falar dos pudins, do *cheesecake* de cereja, do *tiramisu* e da tarte do Mississipi.

— Não podias ter trazido alguma coisa para casa? — perguntei.

Não tinha intenção de ser descarada. Apenas me sentia triste ao pensar em toda aquela maravilhosa comida a estragar-se — uma tristeza no valor de uma lagrimazinha se a comparássemos com o tormento, do tamanho das Cataratas do Niagara, perante a perspectiva de perder a Alice para sempre. A Mamã não entendeu.

— És uma rapariga incrivelmente egoísta e glutona, Gemma Jackson! Não sei como possa ter tido uma filha assim. Como é que és capaz de pensar apenas em ti e no teu pequeno e gordo estômago numa altura como esta? — gritou a Mamã.

— Eu *não estava* a pensar no meu estômago. E como é que ele pode ser pequeno *e* gordo? Não estás a fazer sentido — gritei de volta.

Insensatamente.

A Mamã obrigou-me a ficar fechada no quarto sem lanchar. Já não tinha almoçado, por isso ela estava praticamente a matar-me à fome. *Okay*, eu sei que tinha comido o chocolate, as batatas fritas e os *Marshmallows* da Alice, mas isso foi só uma bucha.

Fiquei deitada na cama, sentindo-me muito triste e com a boca a aguar com os aromas de comida que vinham do andar de baixo. Cheirava a *bacon*, a maravilhoso, estaladiço e saboroso *bacon*! Coloquei as mãos em cima do meu estômago ruidoso. Nesse momento não me parecia nada gordo. Estavam a fazer-me passar fome até ficar um esqueleto. A Mamã ia arrepender-se quando me viesse acordar de manhã e encontrasse uma menina triste e transformada em pele e osso, perdida no interior do seu pijama do Incrível Hulk.

Dei voltas e mais voltas na cama, emaranhando-me no vestido de seda cor-de-canário. Afastei-o com uma patada, odiando o seu toque escorregadio. Foi então que senti qualquer coisa escondida numa das ridículas mangas em balão. Alguma coisa que restolhava e estalava. Um bilhete!

Tirei-o da manga e vi a letra familiar e bonita da Alice, escrita com a sua melhor caneta de gel cor-de-rosa vivo. A carta estava tesa de tantos autocolantes: corações, beijinhos, flores, pássaros e sóis sorridentes.

Querida Gem,

Estou de castigo e aposto que tu também e tenho imensa pena que tenhas ficado com as culpas todas. Tentei dizer à minha mãe que tinha sido tudo ideia minha, mas ela não acreditou. Sabes como ela é. Também tenho muita, muita, muita pena que não tenhamos tido oportunidade de nos despedirmos como deve ser. Quem me dera não ter de ir para a Escócia. Vou sentir tantas saudades tuas! NUNCA te esquecerei. És a melhor amiga do mundo!

Beijinhos da Alice x x x x x

Li repetidamente a carta, passando o dedo ao longo de cada linha cor-de-rosa, tocando em cada autocolante. Depois escondi--a entre as páginas do meu livro preferido, *O Bosque Encantado*. Tinha pertencido ao avô quando era rapaz, e quando eu era mais pequena ele costumava ler-mo. Quem me dera que a Alice e eu pudéssemos encontrar o Bosque Encantado, subir à *Árvore do Longe* e trepar pelo escadote, para a terra que há lá em cima — e nunca, nunca voltarmos.

Mas estava trancada no meu quarto, praticamente uma prisioneira. A Alice ia mudar-se para um lugar que ficava a centenas e centenas de quilómetros de distância. Ela mandara-me uma linda carta de despedida, mas eu não tinha como lhe enviar uma a ela. Por esta altura, já estava com tanta fome que nem conseguia pensar como deve ser. Passei revista a toda a roupa que tinha no roupeiro, vasculhando os bolsos dos meus casacos e calças de ganga. Encontrei um papel de um antiquíssimo caramelo no bolso do meu casaco de Inverno. Lambi-o e senti uma levíssima amostra do gosto de caramelo velho, o que me deixou a boca ainda mais aguada do que já estava. Vasculhei a minha mochila da escola na esperança de encontrar uma tablete de chocolate esquecida, ou uma sandes que sobrara, mas não tive sorte nenhuma.

Nisto ouvi passos. Saltei novamente para a cama para o caso de ser a Mamã. No entanto, os pés saltavam e batiam pesadamente no chão, por isso calculei que fosse o Callum. Ele entrou rapidamente, fazendo-me sinais espalhafatosos para me manter calada. Enfiou-me à pressa uma sandes de *bacon* na mão e voltou a sair, antes de eu ter tempo de lhe agradecer como deve ser.

A sandes estava quente e com um pouco de cotão do bolso do Callum, mas não me importei nem um pouco. Recostei-me nas minhas almofadas e saboreei cada dentada. Nunca uma sandes de *bacon* me tinha parecido tão deliciosa! Senti-me um pouco culpada por ter um apetite tão saudável, naquele que realmente era o pior dia da minha vida. A Alice podia perder completamente o apetite, mas a *mim* a tristeza fazia-me ficar faminta.

Mais passos. Dois pés firmes e quatro patas a correr. O Jack e o *Doido Varrido* entraram a correr no meu quarto.

— Trazes-me outra sandes de *bacon*? — perguntei, cheia de esperança.

— Bem, tentei enfiar uma no bolso, mas o *Doido Varrido* engoliu-a inteira, quando eu ainda a tinha na mão — disse o Jack.

— Bolas! E então, vieste cá acima só para me dizeres isso? — resmunguei.

— Vim cá para te emprestar isto — respondeu o Jack, entregando-me o seu telemóvel. — Podes mandar uma mensagem à Alice.

— Mas ela *não* tem telemóvel.

— Oh, pois não. Bom, então essa ideia de nada vale — disse o Jack, suspirando.

— Eu podia ligar-lhe para o telefone fixo.

O Jack olhou para mim. — Não acho que seja muito boa ideia, Gem. Não estás nas boas graças deles... digamos assim.

— Eu só quero despedir-me da Alice — insisti, marcando o número.

— Estou?

O coração caiu-me aos pés. Era a mãe da Alice. Tinha esperanças de que ela ainda estivesse no quarto a ter ataques de histeria. Sabia que agora não teria qualquer hipótese. Ela desligaria o telefone mal escutasse a minha voz. A *minha* voz. Respirei fundo, coloquei os dedos em frente da boca para abafar a fala, e depois disse na voz mais tola e *snob* que alguma vez tinha ouvido. — Muito boa noite, Mrs. Barlow. Peço desculpa pelo incómodo.

O Jack olhou para mim embasbacado, de sobrancelhas franzidas e lábios repuxados em forma de interrogação. Até o *Doido Varrido* parou de arfar e me olhou surpreendido.

— *Quem* fala? — perguntou a tia Karen.

— É a Francesca Gilmore-Brown — respondi.

A Francesca Gilmore-Brown é uma melga duma rapariga que anda na aula de *ballet* da Alice. Eu também costumava andar no *ballet*, mas aborrecia-me e começava a disparatar, e a professora disse que teria de deixar de ir às aulas se não as levasse a sério. Como era *incapaz* de levar aqueles saltinhos todos a sério, desisti de ir. Pensei que a Alice também desistisse, mas ela gostava *mesmo* de *ballet*, principalmente porque fora escolhida para participar no espectáculo do final do trimestre e estava ansiosa para vestir um tutu cor-de-rosa e brilhante, e ser uma *Sugar Plum*.

A Francesca Gilmore-Brown também era uma *Sugar Plum*. Na verdade, comportava-se como uma *Sugar Plum*. Ela não complicava só com os meus nervos. Complicava também com os da Alice, mas a tia Karen estava impressionadíssima com o facto de uma menina «bem» como a Francesca querer ser amiga da Alice. Não entendia que isso jamais aconteceria. *Eu* é que sou a amiga da Alice.

— Ah, Francesca! — disse a tia Karen num tom tolo e afectado.
— Pode falar mais alto, querida? A sua voz está um pouco abafada.

Mantive os dedos em frente da boca. — Acabei de saber que a Alice se vai mudar para a Escócia. Seria possível despedir-me dela?

— Seria possível despedir-se? Bem, na verdade a Alice está no quarto porque... bem, não interessa, querida. É claro que pode despedir-se dela.

Ouvi-a chamar a Alice e dizer-lhe que viesse ao telefone.

Esperei. Depois ouvi a Alice no fundo a gritar «É a Gemma?»

— Não, *não* é a Gemma. Sabes perfeitamente que ela está de castigo. Não, Alice, é a Francesca.

— Quem? — perguntou a Alice.

— Querida! — suspirou a tia Karen. — A Francesca Gilmore-Brown, aquela menina simpática da tua aula de *ballet*.

— Ah, essa? — resmungou a Alice. — Não quero falar com ela.

— Shhh! Ela vai ouvir-te! Não sejas tonta, é claro que queres falar com a Francesca. — Ouvi o tilintar de pulseiras de ouro, enquanto a tia Karen passava o telefone à filha. No minuto seguinte, a Alice estava a falar comigo.

— Olá, Francesca — disse ela sem entusiasmo.

— Não é a parva da Francesca. Sou eu! — sussurrei.

— Oh! — guinchou a Alice.

— Não digas nada! Não faças com que a tua mãe suspeite. Oh, Al, não é horrível? Não acredito que estejam a ser tão maus para nós. A minha mãe fechou-me no quarto e está a agir como se fosse manter-me aqui para sempre. Nem sequer está a dar-me de comer! Acreditas?! Está a *matar-me* à fome!

— A minha mãe está a tentar *obrigar-me* a comer. Ficámos com a comida toda do churrasco. Travessas e travessas dela, e a nossa partida é amanhã — disse a Alice.

— Não consigo aceitar que te vais embora. Se ao menos tivéssemos conseguido apanhar aquele comboio!

— Pois é.

— Não me importava que tivéssemos que vaguear pelas ruas toda a noite, ou de dormir na sarjeta desde que pudéssemos estar juntas — confessei eu.

— A tua mãe ainda está aí por perto? — perguntei.

— Está — respondeu a Alice.

— Quem me dera que ela fosse dar uma curva — disse eu, e a Alice desatou à gargalhada. — Também eu!

— O que é que a Francesca está a *dizer*? — perguntou a tia Karen.

— Está... está só a contar-me uma anedota para me animar, Mamã — mentiu a Alice.

— É uma menina tão boazinha — disse a mãe da Alice. — Por que é que não podias tê-la escolhido a *ela* como amiga?

— Shhh, Mamã — interrompeu a Alice.

— Se ela soubesse! — sussurrei eu. — Alice, muito obrigada pela tua linda carta. A ideia de a esconderes no meu vestido horrendo foi brilhante. Escreves-me mais cartas quando estiveres na Escócia?

— É claro que sim.

— E eu também te escreverei. Montes e montes e montes de cartas. E telefonar-te-ei também. Todos os dias.

— Do meu telefone é que não telefonas — disse o Jack. — Despacha-te, Gem. Essa chamada está a custar-me uma fortuna.

— Prometo que o faço, Alice. Escrever-te-ei e telefonar-te-ei e arranjarei maneira de ir visitar-te.

— Oh, Gemma — disse a Alice a fungar.

Depois ouviu-se um guincho, um chocalhar de pulseiras e a chamada foi interrompida.

A tia Karen tinha desligado o telefone.

Parecia que ela nos separara para sempre.

7

Era estranho andar sozinha na escola. Bom, é óbvio que eu não estava literalmente sozinha. Havia outras vinte e oito crianças na nossa turma e quase quinhentas na escola toda, e uma série de professores e assistentes, e a Mrs. Maggs, a zeladora — mas sem a Alice a escola parecia ser um edifício enorme, vazio e cheio de ecos.

Tínhamos ido à aula de apresentação de mãos dadas e, desde então, sentáramo-nos ao lado uma da outra em todas as aulas. Não suportava estar sentada ao lado da secretária e da cadeira vazias da Alice. Virei-lhes as costas e encolhi-me até ficar com o queixo apoiado na minha secretária.

O Bolachas cutucou-me nas costas com um gigantesco *Mars*.

— Ei, Gemma, por que é que de repente ficaste tão pequena? Transformaste-te na incrível rapariga que encolhe? É melhor dares uma dentada rápida no meu *Mars* — sibilou ele.

Virei-me para trás e olhei-o fixamente. Os meus olhos queimavam como *lasers*. O Bolachas parecia estar a ficar chamuscado.

— O que foi? O que aconteceu? O que é? Quero dizer, eu sei que deves estar um pouco aborrecida por causa da Alice. Queres que me sente ao teu lado, no lugar da Alice?

— Não, não quero! Não queria sentar-me ao teu lado nem que fosses o meu melhor amigo, porque ainda me esmagavas por seres tão gordo. Mas como agora és o meu pior inimigo nem sequer quero estar na mesma sala que tu. Não quero estar na mesma escola, na mesma cidade, no mesmo país, nem no mesmo *mundo* que tu.

O Bolachas pestanejou surpreendido, o *Mars* a derreter-se na mão. — Não me chames gordo! O que estás para aí a dizer, Gemma? Tu e eu somos companheiros. Sempre o fomos.

— Desde ontem que deixámos de o ser — retorqui.

— Mas eu ontem, na verdade, não *fiz* nada — protestou o Bolachas.

— Denunciaste-nos — disse eu.

— Não denunciei nada. Bom, disse os vossos nomes à minha mãe quando ela mos perguntou.

— Pois é, e ela telefonou e contou às *nossas* mães, como tu bem sabes. E elas correram para a estação para nos impedirem de fugir. Estragaste tudo, por isso podes tirar essa expressão de inocência ferida, porque até é uma expressão francamente repugnante e ainda me obrigas a dar-te um murro nessas tuas costelas balofas.

— Eu disse para não me chamares gordo! Não tenho culpa que a minha mãe tenha ficado *preocupada* convosco. E se tentares dar-me um murro, levas outro de volta, e pronto.

— Está muito bem — disse eu. — Lutaremos. À hora do recreio.

— Pensas que eu não bato numa miúda, mas bato se ela me bater primeiro.

— Pois, pois, e eu bato-te em segundo, terceiro e quarto lugar e por aí em diante, espera só para veres. — Fiquei tão excitada que me esqueci de falar baixo. Estava praticamente aos gritos.

— O que é que se passa aí, Gemma Jackson? — perguntou a nossa professora, a Mrs. Watson. — Vamos lá calar e continuar a trabalhar. Vamos, vira-te para a frente e deixa o Bolachas em paz.

— Com todo o prazer! — resmunguei, e retomei a minha posição, curvada, na cadeira.

A Mrs. Watson parecia estar a vigiar-me com mais atenção. Não parava de olhar na minha direcção. Perto do final da aula, aproximou-se de mim e espreitou para o que eu escrevera no meu caderno da escola. Sustive a respiração. Era suposto termos escrito um parágrafo descritivo usando muitos adjectivos. Os adjectivos são palavras que qualificam substantivos. Eu decidira descrever o Bolachas com todos os pormenores e havia partes em que tinha sido mais do que mal-educada. Apressadamente, risquei a parte pior.

— É tarde demais, Gemma. Já li tudo — informou a Mrs. Watson.

Fiquei à espera que a professora tivesse um ataque de fúria, mas tal não aconteceu. Limitou-se a sentar-se ao meu lado, na cadeira vazia da Alice.

— Não faz mal — disse com suavidade.

Eu fiquei a olhar para ela.

— Isto é, *faz* mal escreveres essa retórica insultuosa no caderno da escola, principalmente sobre um rapaz simpático como o nosso Bolachas — autocorrigiu-se a Mrs. Watson.

Eu não fazia a mínima ideia do que era retórica insultuosa, mas parecia resumir na perfeição o meu parágrafo sobre o Bolachas.

— O Bolachas *não* é simpático.

— É sim, querida. Toda a gente gosta do Bolachas, inclusivamente tu. Tu não estás realmente zangada com *ele*.

— Ai isso é que estou!

A Mrs. Watson inclinou-se na minha direcção e sussurrou.

— Na verdade, estás é triste porque a Alice não está aqui, não é?

Esforcei-me por dizer alguma coisa, mas não consegui. Parecia que havia duas mãos a apertarem-me a garganta com força. Os olhos também me doíam. Pestanejei e duas lágrimas caíram-me pelas faces.

— Oh, Gemma — disse a Mrs. Watson, dando-me palmadinhas suaves nas costas, como se eu fosse um bebé. Eu *sentia-me* como uma bebé chorona, a chorar na sala de aulas. Curvei o corpo ainda mais, de maneira a ficar praticamente debaixo da secretária.

— Sei que deves estar a sentir imenso a falta da Alice — disse a Mrs. Watson, dando-me uma última palmadinha e voltando para a sua secretária.

«Sentir a falta de» era uma descrição tremendamente inadequada. Sentia-me como se me tivessem rasgado ao meio. Era como se tivesse perdido metade de mim própria, como se tivesse perdido um olho, uma orelha, um lábio, meio cérebro confuso, um braço, uma perna, um pulmão, um rim, e metade de um comprido intestino.

Perguntei a mim própria se a Alice estaria a sentir o mesmo. Pelo menos ela não estava sentada na escola ao lado de uma cadeira vazia. Deslizava pela auto-estrada, a caminho da Escócia. Para ela aquilo seria excitante, quase como ir de férias, e teria uma casa nova, animais de estimação novos, uma escola nova... e talvez até uma melhor amiga nova.

Eu não tinha ninguém.

Durante a hora do recreio não sabia o que fazer. Sempre tinha andado com a Alice por todo o lado, excepto quando eu e o Bolachas nos desafiávamos um ao outro a fazer coisas assombrosas.

Nisto lembrei-me de que desafiara o Bolachas para uma luta a sério. Cerrei os punhos. Pelo menos teria alguma coisa para fazer. Não achava que o Bolachas tivesse grande jeito para lutar. Não que isso tivesse grande importância. Podia esborrachar-me até ficar completamente espalmada, que eu pouco me importava.

Fui à procura do Bolachas, mas não o encontrei em lado nenhum. Procurei-o no lugar mais óbvio primeiro, mas ele não estava na fila da confeitaria. Percorri o pátio do recreio de um lado ao outro. Procurei-o nos corredores, pensando que pudesse estar sentado a um canto a comer chocolate, mas não havia sinal dele. Só havia um sítio onde ele podia estar. Um lugar onde eu não podia entrar.

Parei à porta da casa de banho dos rapazes e fiquei ali à espera, de braços cruzados e a bater o pé impacientemente. Fartei-me de esperar. Uma série de rapazes passaram por mim, dando-me encontrões e dizendo coisas estúpidas. Respondi com alguns comentários curtos e mordazes. Não ia desviar-me dali, nem que eles me empurrassem com força.

— De que estás à espera, Gemma?

— Estou à espera do Bolachas — respondi.

— Aahhh, gostas dele, é?

— Gostava era de lhe enfiar um espeto no rabo e de o assar ao lume — vociferei. — Vai dizer-lhe que quero começar com a nossa luta.

— Estás a perder o teu tempo, Gemma — disse o Jack, um dos amigos do Bolachas. — Ele não está aí dentro.

— Aposto como está — teimei.

Apetecia-me entrar por ali dentro e confirmar por mim própria, mas tinha a impressão de que a Mrs. Watson deixaria de ser tão compreensiva se me apanhasse a lutar na casa de banho dos rapazes. Mandar-me-ia outra vez ao gabinete do Mr. Beaton. Não podia entrar. Tinha de atrair o Bolachas cá para fora.

Agarrei num miúdo estrábico, com os óculos empoleirados de esguelha no nariz.

— Ei, tu. Conheces o Bolachas? Aquele rapaz grande que está sempre a atafulhar-se de comida, que é da minha turma.

O miúdo disse que sim com a cabeça, tentando endireitar os óculos de modo a que ficassem mais seguros. Toda a gente naquela escola conhece o Bolachas.

— Bem, quero que vás ver se ele está dentro da casa de banho e me venhas dizer, está bem?

O miúdo disse novamente que sim e recuou, entrando na casa de banho às arrecuas. Demorou bastante a sair e, quando saiu, parecia um pouco nervoso. Voltou com a boca tão cheia de bombons de chocolate e caramelo que se babava.

— Ele não está lá dentro — murmurou, com baba a deslizar-lhe pelo queixo.

— Ai isso é que está. Ele subornou-te com esses caramelos, não foi? — acusei.

— Não subornou nada. Ele deu-me caramelos porque disse que sou seu amigo — disse o rapazinho todo orgulhoso, fugindo de seguida a correr.

Respirei fundo. — Bolachas, eu sei que estás aí dentro! — berrei. — Vá lá, sai cá para fora, seu grande cobardolas!

Esperei que desse o toque de entrada. Esperei mais um minuto *depois* do toque e a cabeça do Bolachas espreitou cautelosamente da ombreira da porta.

— Apanhei-te! — gritei e atirei-me a ele.

— Socorro! — gritou o Bolachas, e começou a correr pelo corredor abaixo, bamboleando-se como um pato.

— Pára! Vamos, seu cobarde, luta comigo!

— Eu não quero lutar! Não gosto de lutas. Sou um pacifista — balbuciou o Bolachas.

Tentou fugir mas eu avancei e agarrei-o pela cintura das suas enormes calças.

— Larga-me! — berrou o Bolachas. — Estás a puxar-me as calças para baixo! Enlouqueceste de vez! Primeiro queres bater-me e agora estás a tentar tirar-me as calças. Socorro! Estou a ser atacado por uma tarada sexual!

— Billie McVitie! Gemma Jackson! Que brincadeira vem a ser essa? — berrou o Mr. Beaton.

O Mr. Beaton é um horrível director de turma. É muitíssimo velho e ranzinza e já está na nossa escola há séculos! Foi professor do meu pai, acreditam? O Papá diz que já naquela altura ele era ranzinza, e que costumava ter uma vara escondida no armário. Talvez ainda tenha.

— Já para a vossa sala! — ordenou o Mr. Beaton, agitando o braço no ar como se estivesse a empunhar a vara e a dar-nos umas valentes vergastadas.

Eu pirei-me. O Bolachas também se pôs a correr, embora tivesse as calças a meio das ancas, o que o obrigava a arrastar os pés. Entrou na sala de aulas pelo menos dois minutos depois de mim, ofegante e com a cara roxa.

A Mrs. Watson limitou-se a abanar a cabeça na minha direcção, mas descompôs severamente o Bolachas. — Por que é que vens tão atrasado, Bolachas? O que é que estiveste a fazer?

Sustive a respiração. O Bolachas estava com dificuldade em *recuperar* a dele.

— Desculpe, Mrs. Watson — disse ele asmaticamente. — Estive a fazer *jogging*. Para... ver... se... emagreço.

— Bem, ainda não parece estar a dar resultados — disse a Mrs. Watson. — E puxa as calças bem para cima, rapaz. Estás com um ar ridículo.

O Bolachas esboçou um sorriso maroto e endireitou as calças, rodando as ancas como uma rapariga do *hula-hula*. A turma rebentou à gargalhada. Dei por mim a rir também. Até a Mrs. Watson teve dificuldade em manter uma cara séria.

— Sempre na palhaçada, Bolachas — ralhou. — Mas parece que hoje estávamos todos a precisar de uma animaçãozinha.

Olhou para a cadeira vazia da Alice. Eu também olhei, e perguntei a mim própria por que me teria rido quando o que queria na realidade era chorar até não poder mais.

8

— Oh céus, estás com um ar tão tristinho — comentou o avô quando foi buscar-me à escola.

Estendeu a mão e eu agarrei-me a ela como um bebé que começa a andar. Não queria falar porque tinha um nó na garganta. Havia montes de miúdos da minha escola à nossa volta e eu não queria que me vissem a chorar.

Não larguei a mão do avô até chegarmos ao prédio onde vive. Subimos no elevador malcheiroso e entrámos no seu apartamento, inalando o cheiro seguro e bom de torradas, livros velhos e rebuçados de mentol.

O avô sentou-se na sua poltrona grande e fofa e eu sentei-me no seu colo grande e fofo. Encostei a cabeça ao seu pulôver de lã e chorei desalmadamente.

— Pronto, pronto, fofinha — disse o avô, abraçando-me contra ele. — Isso mesmo, chora tudo o que tens a chorar.

— Estou a molhar-te a camisola toda — solucei.

— Não faz mal. Está a precisar de ser lavada — disse o avô.

O avô embalou-me no seu colo enquanto eu chorava. Quando cheguei à fase das fungadelas-de-quem-tenta-parar entregou-me o seu lenço grande e branco e deixou-me assoar o nariz.

— Pareço uma bebé — disse eu.

— Que disparate! Toda a gente precisa de chorar. Eu também dou umas fungadelas de vez em quando — respondeu o avô.

— Tu não *choras*, avô! — exclamei.

— Choro sim.

— Nunca te vi a chorar.

— Faço-o quando estou sozinho. No primeiro ano após a morte da tua avó, acho que chorei até adormecer quase todas as noites.

— Oh, avô! — exclamei, pondo-lhe os braços à volta do pescoço e abraçando-o com força.

Eu não me lembrava realmente da avó. Sabia que era baixinha e tinha cabelos brancos e encaracolados e óculos pequenos e prateados, mas apenas porque a vira na fotografia colocada em cima da televisão.

— Lembras-te da avó? — perguntou o avô.

— É claro que me lembro — respondi, porque achei que seria má-educação dizer que não. Podemos esquecer-nos de uma tia velhota, mas não da nossa própria avó.

— És uma mentirosa tão querida — disse o avô, roçando o nariz na minha cabeça. — Tinhas apenas três anos de idade quando ela morreu.

— Lembro, sim senhor — insisti, puxando pela cabeça. Eu sabia que a avó me tinha dado a minha boneca favorita, a *Melissa.* Como eu desejava agora não a ter dado à Alice!

Pensei em bonecas. — A avó brincava comigo, com as bonecas. Ela fazia as minhas *Barbies* dançar sobre uma perna, como bailarinas de *can-can* — disse.

— É verdade, fofinha — disse o avô entusiasticamente. — A tua avó tinha um sentido de humor fantástico. Ela adorava a dança. Foi num baile que nos conhecemos. Num baile com danças de salão a sério, embora também gostássemos de dançar o *jive*. Tínhamos uns passos especiais em que eu a lançava por cima da cabeça. Toda a gente aplaudia.

— Eu também sei dançar o *jive*, avô. O Callum ensinou-me.

— Então do que estamos à espera? Vamos abanar o capacete — disse o avô, estalando os dedos. Tirou-me do colo e pôs-se de pé. Começou a cantar a canção *«Blue Suede Shoes»* e a correr de um lado para o outro, nos seus chinelos castanhos de bombazina. Eu comecei a andar à volta dele, agitando os braços no ar. O avô agarrou-me na mão e fez-me rodar várias vezes. Depois agarrou em mim e tentou lançar-me por cima do ombro. Não conseguiu levantar-me a uma altura suficiente e caímos no chão.

— Desculpa, querida — pediu o avô. — Acho que os meus dias de *jive* chegaram ao fim! Vais ter de contentar-te com o nosso Callum como parceiro de dança.

— Ele agora dança com a Ayesha.

— Bem, era de esperar. Suponho que o nosso Jack não seja muito dado à dança?

— Achas? — inquiri eu. — Não, a *minha* parceira de dança sempre foi a Alice. Só que nunca mais vou voltar a vê-la.

— Vais sim, querida. Podes convidá-la a vir visitar-te nas férias.

— A mãe dela não a deixaria vir. Ela não gosta de mim. E aposto como nunca vai convidar-me a visitá-la a ela. De qualquer maneira, como é que eu iria conseguir ir até à Escócia? O bilhete de comboio é demasiado caro.

— Bem, pelo menos é uma possibilidade — disse o avô. Levantou-se do chão e pôs a chaleira a aquecer para fazer chá. — Talvez possas fazer a viagem se todos nós fizermos umas economias, ou se ganharmos a lotaria, ou qualquer coisa no género, enquanto eu sei que não posso subir para um comboio para ir visitar a tua avó lá no céu. Bem, é isso mesmo que eu vou fazer *um dia*, mas essa será uma viagem só de ida — não há regressos.

— Não digas isso, avô — pedi, porque não suporto quando ele fala sobre a sua morte, mesmo que seja só a brincar. — Tu nunca, nunca, nunca vais morrer, ouviste?

— Vou fazer os possíveis por ficar por cá por uns tempos, querida. E então, bebes uma chávena de chá comigo? Se deres uma espreitadela no frigorífico, talvez encontres uma surpresa.

Hoje não havia *Iced Gems*! O avô tinha comprado *bolos com creme!* Abri a caixa e olhei para eles com admiração. Havia um merengue branco, enorme, com uma cereja no topo, um *éclair* de chocolate, brilhante, uma tarte vermelha, de morango, e uma grande fatia de bolo-esponja cheio de compota e *chantilly*.

— Ummmm, que delícia!

— Tão deliciosos que não tardarão a ir parar ao teu estômago — riu-se o avô. — Vá lá, Gemma, escolhe tu primeiro. Mas não digas à tua mãe, senão ouvimos os dois. Sei que estamos a ser malandros, mas achei que hoje a minha fofinha precisava de algo que a animasse.

— Não consigo escolher. Gosto de todos!

A minha mão pairou por cima do merengue, do *éclair*, da tarte, do bolo-esponja, fazendo vários círculos.

— Tira dois — disse o avô. — Mas, pelo amor de Deus, come o lanche quando chegares a casa.

— Como, como. Oh, avô, ajuda-me! *Quais* é que tiro?

— Já sei — respondeu o avô, escolhendo uma faca. Cortou o *éclair* ao meio. Depois a tarte de morango, certificando-se de que havia dois morangos e meio em cada metade. A seguir dividiu o bolo-esponja em duas fatias idênticas. O merengue deu-lhe mais trabalho pois o creme explodiu e o bolo desmoronou-se.

— Estou a fazer uma bodega completa — confessou o avô. — Vá, querida, come tudo.

Assim comi o merengue todo, com cereja cristalizada e tudo, e depois comi metade do *éclair*, da tarte de morango e do bolo-esponja.

— Oh, avô, este foi o melhor banquete de bolos que alguma vez fiz! — exclamei.

— Meu Deus, deves ter um estômago do tamanho de um tanque — comentou o avô. — Lambe os lábios, não queremos que a tua mãe veja esse *chantilly*.

— Pois não. Não quero que a Mamã fique ainda mais zangada comigo do que já está — suspirei.

Mas quando a Mamã foi buscar-me a casa do avô não fez o estardalhaço habitual por causa da comida, mas ergueu-me o queixo com a mão e olhou para os meus olhos com atenção.

— Estiveste a chorar, Gemma?

— Não — respondi com firmeza.

— Mmm — disse a Mamã.

A meio caminho de casa, esticou o braço e abraçou-me, dizendo: — Sei que estás a sentir muito a falta da Alice.

— Parabéns, Mamã — respondi com sarcasmo, afastando-me dela.

— Não uses esse tom atrevido comigo, minha menina! Olha que ainda estás de castigo por causa das tuas gracinhas de ontem.

— Não me importo. Já não me importo com *nada*.

A Mamã suspirou. — Sei que estás a sentir-te muito triste. Olha, a tia Karen é *minha* amiga e eu também vou sentir saudades dela.

— Não tantas como eu vou sentir da Alice.

— Pronto, está bem — assentiu a Mamã. — Eu sei como a Alice é importante para ti. Para dizer a verdade, o facto de vocês serem tão unidas sempre me preocupou. Às vezes é divertido ter um grupo grande de amigos.

— Não quero um grupo grande. Quero a Alice.

— Bem, mas a Alice está na Escócia agora. Já devem estar na casa nova.

— E eu estou presa aqui — queixei-me, enquanto subíamos o carreiro do jardim.

— Eu sei que neste momento estás muito triste, Gemma. Mas prometo que vais fazer novas amizades. Tens *outros* amigos na escola. Queres convidar um ou dois deles para virem lanchar contigo um dia destes?

— Não quero que ninguém venha lanchar comigo.

— E aquele rapaz estranho com o sorriso maroto? Aquele que comeu o bolo de nozes todo, na tua festa? E o gelado e o bolo de chocolate e todas as salsichas que estavam espetadas em palitos?

— Acima de tudo, não quero o Bolachas.

— Como queiras. Estou apenas a tentar ajudar-te. Agora sentes-te triste, mas prometo-te que dentro de algumas semanas já nem te lembrarás da Alice.

Fiquei a olhar para a Mamã. Não adiantava dizer fosse o que fosse. Era como se estivéssemos em planetas completamente diferentes. Ela não entendia mesmo.

Mas estava a fazer os possíveis por ser simpática comigo, muito embora estivesse oficialmente de castigo.

— Acabaste por não comer grande coisa ontem, por tua própria culpa, é claro. Seja como for, pensei que hoje podíamos remediar isso. Vou fazer o teu esparguete à bolonhesa preferido.

— Ah, obrigada, Mamã.

Lembrei-me da última vez que comi esparguete à bolonhesa. Hoje não estava a apetecer-me muito comê-lo. Não estava com muita fome. Os dois bolos e meio, cheios de *chantilly*, que tinha comido estavam a ocupar-me bastante espaço no estômago.

— Também tenho uma sobremesa especial — acrescentou a Mamã. — Sei como tu gostas de bolo, por isso fui à pastelaria, na minha hora de almoço, e comprei um bolo de chocolate grande.

Engoli em seco. — Mamã, a verdade é que não estou com muita fome — disse.

— Não me venhas com essa história, Gemma. Aconteça o que acontecer, tu estás sempre com fome. — De repente, a Mamã franziu as sobrancelhas. — O avô deu-te alguma coisa para comeres?

— Não, não deu nada, juro — respondi.

Tinha esperanças de que quando o esparguete estivesse pronto, eu já tivesse alguma fome. Até dei umas voltas a correr pelo jardim para arranjar apetite. Não funcionou. Apenas me senti enjoada e com tonturas.

— O que andas a fazer, querida? — perguntou o Papá, saindo pela porta dos fundos. — Estive a observar-te pela janela, a correr às voltas no jardim. Ei, lembras-te daquele jogo que eu costumava fazer quando eras pequenina? *«Às voltas no jardim, como um ursinho...»*

— *«Um passo, dois passos e umas coceguinhas aqui»* — disse eu, fazendo cócegas debaixo do meu próprio queixo. — Só que eu não tenho muitas cócegas, só tenho na planta dos pés. A Alice é que tem imensas cócegas.

— Se tem! Guinchava e ficava toda aflita mesmo quando eu só *fingia* que ia fazer-lhe cócegas — disse o Papá. Ele colocou o braço à volta dos meus ombros. — Eu também vou ter saudades dela, Gemma. Ela tem sido como uma segunda filha para mim, benza-a Deus. Mas não posso dizer que vá sentir muito a falta dos pais dela. Sempre me pareceram um pouco *nariz-empinado*.

— Principalmente a mãe dela. — Ergui o queixo e compus o meu penteado imaginário, caríssimo, e tentei falar num tom de voz *snob*. — *Sim, vamos mudar-nos para uma casa fabulosa, porque o meu Bob recebeu uma oferta de trabalho fantástica, e vamos ter uma cozinha novinha em folha, com um fogão aqui e uma mariquice ali e outra mariquice acolá, mariquices por todo o lado, e vamos ter a nossa própria* suíte *com casa de banho privativa, com um chuveiro de massagem como as Cataratas de Niagara, e a nossa Alice vai ter uma récua inteira de póneis, e todos os seus amiguinhos finos da equitação virão passar algum tempo com ela, e ela vai gostar deles e vai arranjar uma melhor amiga nova...*

O Papá parou de rir. — Tu sabes que vais ser sempre a melhor amiga da Alice — disse, despenteando-me com a mão. Depois meteu a mão no bolso e tirou de lá um chocolate *Yorkie*.

— Toma, mete isto na boca e não contes à tua mãe!

Eu estava a sentir-me um pouco agoniada. Tinha esperanças de que o chocolate me acalmasse o estômago. Não tinha a certeza se a ideia era muito boa, mas não queria magoar o Papá.

A princípio o chocolate soube-me bem, era apenas chocolate cremoso normal e delicioso. Depois começou a saber-me demasiado a chocolate. Parecia que tinha a boca cheia de lama de chocolate, peganhenta, e tive dificuldade em engoli-lo.

— Obrigada, Papá. Estava delicioso — murmurei, os meus dentes ainda colados uns aos outros. Lembrei-me da Páscoa anterior, quando comi cinco ovos de Páscoa grandes e doze pequenos. O Bolachas desafiara-me, dizendo que eu não era capaz de os comer a todos de uma só vez. Eu insisti que conseguia, mas enganei-me.

O meu estômago começou a dar voltas desagradáveis com a recordação. Decidi ir para dentro de casa. Talvez me sentisse melhor se me deitasse um pouco em cima da cama.

O Callum tinha acabado de entrar pela porta da frente. Trazia qualquer coisa na mão e escondeu-a atrás das costas ao passar pela porta da cozinha. Era óbvio que não queria que a Mamã visse o que trazia. Dirigi-lhe um aceno fraco com a cabeça e subi as escadas. O cheiro do molho à bolonhesa estava a fazer-me sentir muito pior.

— Ei, Gem! Aguenta aí um pouco. — O Callum correu atrás de mim, escada acima. — Como te sentes, maninha?

— Não muito bem — murmurei.

— Pois é, calculei que não — disse o Callum compreensivamente. — Mas isto deve alegrar-te. — E apresentou-me um gelado enorme, com molho de morango e dois palitos de chocolate.

— Oh! — exclamei.

— Shh! Não deixes que a Mamã oiça. Sabes o que ela pensa sobre o facto de comeres antes das refeições, embora não consiga entender por que faz tanto barulho. Tu *nunca* perdes o apetite.

— Talvez... talvez desta vez... não esteja com muita fome — disse eu, levando as mãos à barriga. — Posso comê-lo mais tarde, Callum?

— Mas já está a começar a derreter e a pingar. Vá lá, Gem, come-o — respondeu o Callum.

Por isso, comi-o. Lambi o molho de morango, engoli o gelado e os dois palitos de chocolate e até comi o cone. O Callum ia-me incentivando enquanto comia.

— Grande maninha! — disse ele.

Entrei no meu quarto a cambalear e deitei-me na cama, agarrada ao estômago.

Pelo menos não estava a pensar na tristeza de ter perdido a Alice. Tinha taaantas saudades dela!

O cheiro do esparguete à bolonhesa estava a ficar cada vez mais forte.

— Onde estás, Gemma? — chamou a Mamã. — São horas do jantar!

Sentei-me muito devagarinho. Respirei fundo e desci as escadas. A Mamã tinha posto a mesa com requinte, utilizando a sua melhor toalha bordada e os pratos cor-de-rosa que normalmente só usava para as visitas. O esparguete à bolonhesa fumegava na sua tigela azul especial. O bolo de chocolate também lá estava, reluzindo no prato de vidro, para bolos, com creme a escorrer por ele abaixo.

Estavam todos sentados à mesa, até o Jack. Todos me sorriam encorajadoramente.

— Senta-te, querida — disse a Mamã. — Pronto, vamos lá servir-te a ti primeiro.

E deitou-me no prato uma colherada extra grande de esparguete à bolonhesa. Olhei para o molho castanho e reluzente, com carne, e para os contorcidos cilindros de esparguete. Abri a boca e, de repente, vomitei violentamente — em cima do esparguete à bolonhesa, do bolo de chocolate, dos pratos cor-de-rosa, da toalha bordada e do meu próprio colo.

9

Mandaram-me para a cama de castigo. Ao que parecia, o meu quarto estava a transformar-se na minha residência permanente. Iria ficar pálida e fraca, presa numa posição horizontal para sempre, com o tecto como única distracção.

Eu seria a Rapariga-Presa-no-Quarto, que não pertencia realmente à família. A Mamã, o Papá, o Callum e o Jack esquecer-se-iam completamente de mim. A Alice também me esqueceria. Mas eu jamais iria esquecê-la a ela.

Sentei-me na cama e peguei na mochila da escola. Escrevi a tinta A ALICE É A MINHA MELHOR AMIGA PARA SEMPRE na capa do meu caderno de rascunhos. Escrevi a mesma coisa na capa do meu caderno de Crítica Literária e depois abri-o e escrevi uma crítica sobre um livro chamado *Amigas do Peito/Amigas Inseparáveis*. Nunca tinha lido um livro com este título. Nem sequer sabia se existia algum. Se a Mrs. Watson mo perguntasse, dir-lhe-ia que o requisitara na biblioteca.

Não era a primeira vez que inventava livros. Era mais divertido fazer a crítica de livros inventados do que de livros que existiam realmente. Um dia escrevi sobre um livro chamado *Cento e Um Chocolates*. Descrevi tantos chocolates quanto era capaz, inventando tudo. O Bolachas ajudou-me quando fiquei sem ideias. Os chocolates dele eram todos de tamanho gigante e com recheios espectaculares. Lembro-me das suas bolinhas de chocolate com recheio de salsicha e puré, e da sua novidade, o chocolate com recheio de ovo e *bacon*. Mas o Bolachas era agora o meu Pior Inimigo.

AMIGAS DO PEITO/AMIGAS INSEPARÁVEIS

Este é o melhor livro do mundo devido ao seu assunto, i.e., Amigas do Peito. As raparigas deste livro são amigas desde que nasceram. Um dia foram separadas pelas suas insensíveis e egoístas famílias. Acabam por viver centenas de quilómetros longe uma da outra, o que, asseguro-vos, é MUITO DOLOROSO. Mas este é o melhor livro do mundo porque tem um final feliz. A rapariga que vive na Escócia volta para casa porque a sua família não gosta de lá estar. Regressam para a sua antiga casa e as duas raparigas são melhores amigas outra vez.

Segurei a minha crítica literária contra o peito, fechei os olhos com força e desejei que a minha história tivesse o mesmo final feliz.

Nisto ouvi as patas do *Doido Varrido* a subirem as escadas e o Jack espreitou para dentro do meu quarto.

— Como está a Vomitadora de Projécteis? — perguntou ele.

— Cala a boca.

— Não, *tu* é que tens de aprender a manter a boca fechada. Eu era o pobre desgraçado que estava sentado à tua frente. Que nojo! E o *fedor!* Tive de me despir todo e tomar um duche, apesar de já ter tomado banho esta manhã.

O Vampiro Jácula age como se toda e qualquer água fosse água benta e como se a mais ligeira borrifadela o fizesse mirrar. Que grande lata a do Jack, queixar-se do cheiro do meu vomitado, quando nem sempre é boa ideia estar por perto quando ele *desabafa*.

— Vai-te catar — resmunguei, enterrando a cabeça na almofada.

— Gem? Desculpa. — O Jack sentou-se aos pés da minha cama e agarrou-me por um tornozelo. — Ei, queres ligar outra vez à Alice do meu telemóvel?

— Não sei o novo número de telefone dela. Tem de ser ela a ligar-me. Mas a mãe dela não o vai permitir. Ela odeia-me, tu sabes que odeia. Ela quer que a Alice me esqueça por completo. E talvez esqueça mesmo — queixei-me, começando a chorar.

O Jack saiu rapidamente do quarto às arrecuas. Fica sempre sem saber o que fazer quando alguém chora. Talvez seja uma experiência demasiado molhada para ele.

Deve ter ido contar o sucedido à Mamã porque ela saiu da cozinha e subiu até ao meu quarto.

— Já fiz duas máquinas de roupa e tive de lavar a toalha à mão. Que lindo serviço o teu — disse ela, limpando as mãos molhadas nas calças. — É mesmo teu, Gemma. Por que não podes vomitar na sanita como toda a gente, sem fazer porcaria?

Eu mantive a cabeça na almofada.

— Estás a chorar? O Jack disse que estavas muito triste. Ainda estás maldisposta? Se vais vomitar outra vez, é melhor ires imediatamente para a casa de banho.

— Eu não quero vomitar. Estou triste — solucei.

A Mamã suspirou. Depois veio sentar-se ao meu lado, na cama.

— Pobre Gemmie — disse com meiguice.

Ela costumava chamar-me Gemmie há muito tempo atrás, quando eu era pequenina, muito mais fofinha, e ela ainda tinha esperanças de que eu me tornasse uma boneca de caracóis como a Alice.

— Tenho tantas saudades dela, Mamã!

— Vá lá, Gem, agora já estás a ser um pouco melodramática. Ela ainda só partiu há cinco minutos. Ainda não tiveste tempo de sentir saudades.

— Mas sinto! Eu via a Alice quase todos os dias desde que nascemos.

— Suponho que tenhas razão. Bem, agora terás de arranjar uma amiga nova, não é?

— Não *quero* nenhuma amiga nova! Quantas vezes preciso de o dizer?

— Mau, mau! Não me fales nesse tom — ralhou a Mamã, dando-me um abanão.

— Tu não entendes, Mamã. Olha, e se o Papá tivesse de ir viver para a Escócia? Tu ficavas zangada se alguém te dissesse para arranjares um marido novo mal ele se fosse embora!

— Mmm — disse a Mamã, levantando as sobrancelhas. — Talvez me deixasse tentar! O teu pai já está um pouco gasto. — Mas abanou a cabeça ao ver a minha expressão. — Estou só a brincar, querida. É claro que não trocava o teu pai por nada neste mundo. Mas perder uma amiga não é a mesma coisa. Olha, a Karen é *minha* amiga e eu não estou a fazer este espalhafato todo por ela se ter ido embora, embora vá sentir muito a sua falta.

A Mamã não ia sentir tanto a falta dela como eu da Alice. Ela e a tia Karen nunca tinham sido *tão* chegadas. Faziam exercício juntas, iam às aulas de dança e, às vezes, iam até Londres fazer umas compras, mas era só isso. Eram capazes de passar *semanas* sem se verem. Recentemente, a Mamã tinha-se afastado um pouco da tia Karen, porque ela tornara-se um pouco *snob* e convencida. A tia Karen estava sempre a gabar-se das suas madeixas loiras novas e das suas roupas desportivas da *Juicy* e do seu telemóvel novo, topo de gama.

— Mamã! O telemóvel da tia Karen!

— O que é que ele tem?

— Tu tens o número dela! Por favor, vamos telefonar-lhe

— Sê realista, Gemma. Ela não vai deixar-te falar com a Alice. Diz que és uma má companhia e, infelizmente, és.

— Não podias suplicar-lhe que me deixe falar com ela, Mamã? Só por dois minutos? Preciso de ter a certeza de que a Alice está bem. Quero dizer, se *eu* estou a chorar, imagina como ela estará.

— Deve estar a esguichar água por todos os lados — disse a Mamã. — Está bem. Vamos tentar. Mas só se prometeres que te portas bem e que acabas com este disparate todo.

— Está bem — concordei, sentando-me com um salto.

— Agora tem calma! Acabaste de vomitar, lembras-te? *Eu* lembro-me bem! E não tenhas grandes esperanças, porque não acho que vás ter grande sorte.

Descemos até ao rés-do-chão e dirigimo-nos ao telefone, que estava no *hall* de entrada. A Mamã marcou o número e esperou. Depois inspirou fundo.

— Olá Karen — cumprimentou, na sua voz *«Posso ajudá-la, senhora»* de empregada de balcão, para mostrar que também sabia ser «bem». — Sim, é a Liz. Então, como está a correr a viagem? Que tal são os homens da empresa de mudanças? Vai ser a casa dos teus sonhos?

Eu sabia que a Mamã estava apenas a tentar ser simpática e acalmar a tia Karen, mas estas perguntas foram fatais. A voz da tia Karen matraqueou ao ouvido da Mamã durante os dez minutos seguintes. A Mamã murmurou educadamente durante algum tempo, mas depois começou a mexer-se com impaciência. Não há como interromper a tia Karen quando ela ganha embalagem. A Mamã ergueu as sobrancelhas e depois segurou o telefone longe do ouvido. Palavras como *estufa*, *casa de banho privativa* e *chuveiro de massagem* zumbiram pela divisão como abelhas. A Mamã fez uma careta ao telefone e mimou a palavra *blá blá blá*. Eu ronquei de tanto rir e tive de tapar a boca com as mãos. A Mamã abanou a cabeça na minha direcção, mas tinha também um sorriso maroto nos lábios.

— Parece tudo lindo, Karen — disse ela. — E a Alice tem muita sorte. A sua própria casa de banho, imaginem só! Como está a Alice? A nossa Gemma anda muito em baixo, de tantas saudades que sente dela. Escuta, eu sei que a Gemma se portou muito mal — embora não acredite que a ideia de fugirem tenha sido *apenas* dela. Seja como for, será que podias deixá-la falar um bocadinho com a Alice?

A Mamã ficou à escuta.

— Ela telefonou ontem a fingir que era *quem?* — perguntou, olhando-me zangada. — Oh, meu Deus, o que hei-de eu fazer com esta criança? Vou dar-lhe um valente raspanete. Mesmo assim, se ela pedir desculpas, será que pode falar dois minutos com a Alice?

A Mamã ficou à espera da resposta.

Eu fiquei à espera da resposta, sem me atrever sequer a respirar. Depois a Mamã sorriu e passou-me o auscultador.

— Oi, Gem!

— Oh, Alice, é horrível! — exclamei eu. — Tenho tantas saudades tuas!

— Eu sei, eu sei. Eu também sinto muito a tua falta.

— Tens chorado muito?

— Muito mesmo. Tenho os olhos todos vermelhos. Chorei tanto durante a viagem de carro até aqui que a Mamã se zangou comigo.

— A minha mãe tem andado *muito* zangada comigo — disse eu, lançando-lhe um olhar de culpa. — Mas agora está a ser muito boazinha.

— Bem, suponho que se possa dizer o mesmo da minha. E o Papá também. O Winnie extraviou-se durante as mudanças, juntamente com um baú inteiro de coisas minhas, mas o Papá comprou-me outro ursinho. Uma ursinha com um vestido de *ballet*. É tão gira! E tem umas sapatilhas de *ballet*, de cetim, nas patinhas.

— E a boneca da minha avó? — perguntei ansiosa. — Não a perderam, pois não?

— Não, a *Melissa* está óptima.

— A sério?

— Juro que está, Gem. A Mamã embrulhou-a com um plástico com bolhinhas de ar e trouxemo-la num saco especial, com todos os *bibelots* de porcelana. A Mamã acha que eu devia ter-te devolvido. Queres a *Melissa* de volta, Gemma?

Eu queria-a de volta e muito, principalmente agora que o avô me tinha contado mais coisas sobre a avó, mas não lho queria pedir.

— Não, quero que fiques com ela, Alice — disse. — Quando estiveres a sentir-te muito só, podes abraçá-la e fingir que sou eu.

— Não a posso abraçar, senão estrago-a — respondeu a Alice. Mas depois acrescentou, num sussurro: — Sabes o que eu vim a fazer quase toda a viagem? Segurei o meu próprio polegar e fingi que era a tua mão.

— Oh, Alice — disse eu, começando outra vez a chorar.

— Oh, Gem — disse a Alice.

Ouvi a tia Karen a dizer qualquer coisa em tom exasperado.

— Tenho de ir, Gemma — disse a Alice.

— Espera! Qual é o teu número de telefone da rede fixa?

— Ainda não temos nenhum.

— Então, qual é a tua morada?

— Greystanes, Rothaven, Angus. Ainda não sei o código postal. Eu escrevo-te Gemma, prometo. Tchau.

— Ainda somos melhores amigas, não somos?

— Sabes que sim. Sê-lo-emos para sempre.

E desligou o telefone. Eu senti-me como se também me tivessem desligado. Deixei-me cair nas escadas, agarrada ao telefone como se a própria Alice estivesse presa dentro dele.

— Olha só para ti! — disse a Mamã, abanando a cabeça. — Esse telefonema era suposto ter-te animado. Valha-me Deus, deixa-te de dramatismos. Vocês as duas estão a comportar-se como o Romeu e a Julieta.

Eu tinha visto o vídeo com o Callum e achara-o muito fixe, embora não tivesse entendido algumas das palavras.

— Eu *sinto-me* como o Romeu e a Julieta. Olha só o que lhes aconteceu. *Morreram.*

— Pois é, mas tu tens de continuar a viver, querida. Olha, perdeste uma oportunidade para recuperares a boneca da tua avó, sua pateta. A Karen não devia ter permitido que a Alice a aceitasse. E que história é essa de tu lhe teres telefonado a fingir que eras outra pessoa?

— Eu disse que era a Francesca Gilmore-Brown. É uma tremenda *snob* que anda na aula de *ballet* da Alice. Foi só eu dizer: «*Oh, lamento imenso o incómodo, mas seria possível dar um palavrinha rápida à Alice?*», para a tia Karen ficar toda dengosa, tipo: «Francesca, querida, que bom que tenhas telefonado. Deixa-me dar-te um pouco de graxa por seres tão rica e bonitinha e *tão* mais "bem" do que nós — *tão* mais aceitável do que aquela pindérica da Gemma, que tem sido tão má influência sobre a minha angelical Alice!».

— És *mesmo* mazinha — disse a Mamã, perdida de riso. — Consegues imitar a voz dela na perfeição, Gemma. Devias estar num palco.

Não conseguia alegrar-me a mim própria mas, pelo menos, tinha conseguido fazer rir a Mamã. Pus os braços à volta do seu pescoço e disse: — Obrigada por teres feito o telefonema, Mamã.

— De nada. Mas não posso continuar a aborrecer a Karen. Tu sabes tão bem quanto eu que ela não quer que a Alice continue a ser tua amiga.

— Azar o dela, nós *somos* amigas e vamos *continuar* amigas para sempre.

— Sim, mas não te esqueças que a Alice vai frequentar uma escola nova e vai arranjar amigos novos.

— Não vai não!

— Não queres que ela se sinta só, pois não?

— Bem... não... Está bem, pronto, ela pode arranjar uma ou duas amigas só da escola. Mas eu continuo a ser a única melhor amiga dela.

— Oh, Gemma. Só não quero que sofras, meu amor.

Mas talvez não fosse verdade que a Alice ia esquecer-me. Ela escreveu-me logo e pôs a morada completa no envelope.

Minha querida Gem,

Tenho tantas saudades tuas! Foi muito bom falar contigo ao telefone. Dava tudo para que pudesses estar aqui comigo.

Hoje tive de ir à minha nova escola e estava tão assustada! É uma escola velha, que parece uma prisão, e temos uma professora chamada Mrs. Mackay, que é velha e tão severa que faz o Mr. Beaton parecer um ursinho de *peluche* amoroso.

Ei, já te contei sobre a Bella, a minha ursinha bailarina? É tão gira! Há uma rapariga na minha turma que faz *ballet* e que disse que eu podia ir às aulas dela. Ela é porreira e um dos rapazes disse que um outro rapaz, o Jamie, disse que me achava bonita (!!!), mas todos os outros são horríveis e gozam com o meu sotaque. Só que não é suposto falarmos durante as aulas ou a Mrs. Mackay zanga-se. Tu arranjarias tantos sarilhos se andasses na minha escola nova, Gem.

Ainda não te falei da nossa casa e do meu quarto (é cor-de-rosa e adorava que o pudesses ver), mas já tenho a mão a doer de tanto escrever. Quem me dera ter um computador!

Tenho saudades tuas.

Muitos e muitos beijinhos da tua melhor amiga

Alice x x

Querida Alice,

Muiiito obrigada pela tua carta mas, da próxima vez, escreve-me uma ainda maior, por favor, por favor, por favor. Quando ficares com a mão direita a doer, tenta escrever com a mão esquerda. Não me importo nada que a tua letra fique toda torta. Podes ainda tentar segurar a caneta com os dentes, ou então descalças os sapatos e as meias e escreves com os pés. Mas preciso que me digas como estás, se tens chorado, se tens tido pesadelos e quero que quantifiques *exactamente o tamanho das saudades que tens de mim.*

Okay, aqui vai um pequeno questionário!

Sentes saudades da Gemma:

a) Nunca, na verdade nem sabes muito bem quem é a Gemma, embora o seu nome soe vagamente familiar.

b) De vez em quando, quando olhas para a *Melissa*

c) Muitas vezes, e às vezes suspiras com tristeza e sussurras: «Oh, Gem, quem me dera que estivesses aqui»

d) Estás desesperada — pensas nela a toda a hora e gostarias de voltar para o sítio onde pertences e ser a sua melhor amiga

Eu não escolho a hipótese a), b), c) nem mesmo a d) — escolho-as todas até à letra *z*. Tenho-me fartado de chorar. Tenho os olhos vermelhos como o sangue e a Mamã está sempre de balde e esfregona na mão, a limpar as poças que as minhas lágrimas fazem.

Ei, no outro dia ela teve de usar todos os materiais de limpeza porque eu estou tão traumatizada que vomitei a casa toda. Também tinha comido demasiados bolos, chocolates e gelados. A tristeza não me faz perder o apetite. Ainda me faz ficar com mais fome. Prepara-te! Quando finalmente conseguirmos voltar a ver-nos (Quando??? Como???), provavelmente não vais reconhecer-me. Estarei tão gorda como aquele horrível, detestável e estúpido Bolachas. Mais gorda até! Imagina só. Não poderemos dormir na mesma cama, porque eu estarei tão balofa que poderei esborrachar-te se rebolar para cima de ti.

Pensando bem, se eu ficar gorda como um elefante, o Papá e a Mamã deixarão de poder dar-me ordens. Eu é que lhes darei ordens a eles! Dir-lhes-ei: «*Okay*, dêem-me muito dinheiro» e depois alugo um helicóptero gigante e arranjo maneira de me espremer dentro dele e voo até à Escócia em poucos minutos e depois agarro em ti e partimos as duas numa aventura e, se os teus pais tentarem impedir-nos, eu esborracho-os, *okay*?

Muitos, muitos, muitos, e muitos beijinhos da tua melhor amiga de todos os tempos

Gemma X X

Querida Gemma,

Estou a escrever esta carta na escola porque a minha mãe não quer que eu continue a escrever-te. Não vais acreditar no que ela fez. Leu a carta que tu me escreveste e não gostou nem um bocadinho, principalmente daquela parte em que dizias que a esborracharias. E também se zangou por causa da história do helicóptero. Como se tu conseguisses mesmo alugar um helicóptero! De qualquer forma, ela diz que não posso escrever-te de volta e que temos de deixar de ser amigas. Mas não te preocupes, é claro que vamos continuar a ser amigas — e escuta, Gem, encontrei uma maneira fantástica de continuarmos a escrever uma à outra!!!

Há uma rapariga na minha turma, a Flora — tu sabes quem é, aquela que também anda no *ballet*. Bem, ela viu que eu tinha estado a chorar e perguntou-me porquê, por isso disse-lhe que estava com saudades tuas e que a minha mãe não me deixava escrever-te, etc, etc, etc, e ela perguntou-me por que não te enviava *e-mails* e eu respondi que não tinha um computador só meu e que só estava autorizada a usar o do meu pai quando ele estivesse a ver, e ela disse que tinha um e que eu posso ir a casa dela e enviar-te *e-mails* sempre que quiser. Eu sei que ainda não tens um computador só teu, mas e o teu irmão Jack? O endereço da Flora é florabeldade@hotmail.com. Espero mesmo que possamos trocar *e-mails*.

Gem!

Já te falei do meu quarto novo? É espectacular. A Flora diz que é o quarto mais bonito que alguma vez viu.

A tua melhor amiga para sempre,

Alice x x x

10

— Gemma, dá-me aqui uma ajuda com a loiça — pediu a Mamã, empilhando-a no lava-loiças.

— Oh, Mamã, não é justo. Os rapazes nunca ajudam — queixei-me.

O Callum e o Jack esgueiraram-se para o andar de cima.

— Jack, espera por mim! — chamei.

— Por que é que agora andas sempre atrás do Jack? — perguntou a Mamã, desconfiada. — Estás sempre a enfiar-te no quarto dele.

— Ele está apenas a deixar-me utilizar o computador dele, Mamã — expliquei. — Está a ensinar-me a procurar coisas na Internet.

— Ummm — disse a Mamã, ainda com ar desconfiado. — Que tipo de coisas? Não é malandragem, pois não?

— Mamã! Não, não é. São coisas para um trabalho.

— Que trabalho? São trabalhos de casa?

— É isso mesmo... trabalhos de casa — apressei-me a confirmar.

— Nunca te aplicaste tanto em fazer os trabalhos de casa — afirmou a Mamã.

— Estás a ralhar com a miúda por se esforçar nos trabalhos de casa, Liz? — perguntou o pai do sofá da sala de estar. — Tem dó, Liz.

— Pois é, Mamã, tem dó — disse eu, desviando-me quando ela tentou dar-me uma pantufada com o pano da loiça.

Estava determinada a não me deixar sobrecarregar ainda com mais tarefas, como lavar a loiça. Já chegava a trabalheira que estava a ter para contentar o Jack. Ele estava a deixar-me enviar *e-mails* à Alice do seu computador, através da tal Flora, e gravava-me os que ela me enviava a mim... mas a um preço. Não exigia dinheiro, pois sabia que eu não o tinha. Não, eu tinha de servir de criada dele, apanhando todas as meias malcheirosas que ele deixava debaixo da cama e deitando-as no cesto da roupa suja, limpando o pó a todos os estúpidos aviões de papel que tinha pendurados no tecto e até lavar a banheira quando ele acabava de tomar banho.

— Já que estou com a mão na massa, queres que te puxe também o autoclismo? — acrescentei sarcasticamente, o que se revelou ter sido um erro muito grande da minha parte.

Também tive de mudar a sua horrível capa de edredão, com dinossauros; tarefa que eu simplesmente odeio fazer. Depois disso fiquei tão exausta que não tive forças para mudar a minha própria capa de edredão e levei um sermão que durou horas.

— Estava demasiado cansada para o fazer, Mamã — disse com honestidade.

A Mamã passou horas a dizer que *ela* também estava cansada por ter de gerir uma família de cinco pessoas. Seguramente, o mínimo que uma filha podia fazer era dar uma ajudinha. Até o Jack estava a ficar muito mais responsável no que dizia respeito à sua roupa suja, e mantinha o quarto impecavelmente limpo e arrumado apesar de andar muito ocupado com os estudos e de ser o membro da família que mais vezes levava o cão a passear.

Eu não me teria importado que uma das minhas tarefas fosse levar o *Doido Varrido* a passear, mas o Jack não me deixava fazê-lo. Contudo, quando lhe tirava a trela, ele ia logo rebolar-se no primeiro monte de bosta que encontrasse. Refiro-me ao *Doido Varrido*, não ao meu irmão. E adivinhem quem depois tinha de tentar dar banho ao estúpido do animal? Eu!

Mas valia a pena ter de fazer todas estas tarefas extra, pois agora podia comunicar como deve ser com a Alice. Só não me agradava ter de escrever primeiro uma mensagem à Flora. Não gostava lá muito do que a Alice me dissera a seu respeito. No entanto, tentei ser supersimpática com ela já que permitia que a Alice usasse o seu computador.

Olá Flora. Sou eu, a Gemma, a melhor amiga da Alice. Muito, muito, muito obrigada por deixares que eu e ela escrevamos uma à outra. Aqui vai a minha mensagem pessoal para a Alice. Não a leias, está bem?

Querida Alice — Como estás? Continuas a sentir MUITAS, MUITAS, MUITAS saudades minhas? Eu sinto ainda MAIS saudades de ti, se é que isso é possível! Sinto-me tão só e ninguém entende e estão todos a ser odiosos para mim!

Ah, o Jack acaba de olhar para o ecrã e disse que *ele* está a ser excepcionalmente simpático comigo ao deixar-me usar o seu computador. Suponho que tenha razão, mas o PREÇO está a ser ALTO!

Na verdade, o Callum também está a ser porreiro. Ontem à noite levou-me ao McDonald's e pagou-me um Happy Meal, e como esse não trazia o Lutador de Kung Fu Azul que eu queria comprou-me *outro* que trazia o homenzinho azul. Agora o meu Lutador Azul pode lutar com o Red Zed. Iupi! Suponho que o Callum apenas me tenha convidado para ir ao McDonald's porque a Ayesha tinha saído com as amigas, mas não deixou de ser um gesto simpático.

O avô também tem sido um amor, embora se recuse a comprar-me mais bolos com *chantilly*. O Papá está sempre a fazer-me cócegas tentando pôr-me a sorrir. A Mamã foi simpática durante algum tempo, mas já voltou a ser a mesma chata de sempre.

De qualquer maneira, aqui em casa estão basicamente a ser porreiros — mas na escola está a ser horrível! A Mrs. Watson até foi simpática durante algum tempo, mas agora... nem vais acreditar no que ela fez! Temos de realizar um trabalho com outro colega, sobre uma pessoa famosa, e ela quer que eu seja a parceira do Bolachas! Recuso-me a trabalhar com ele.

Tens de fazer trabalhos de grupo com alguém na tua escola nova, ou deixam-te trabalhar sozinha se quiseres?

Muitos, muitos e muitos beijinhos

Da tua melhor amiga para todo o sempre

Gemma

Oi Gem! Obrigada pela tua enorme mensagem. Não posso escrever-te uma mensagem tão longa pois não seria muito educado da minha parte, dado que estou a usar o computador da Flora. De qualquer maneira, tenho de despachar-me porque temos uma aula de *ballet* às cinco. A mãe da Flora vai levar-nos. Espero conseguir fazer tudo bem. A Flora é uma bailarina BRILHANTE, muito melhor do que eu. Espero não ser a pior da turma.

Que trabalho de grupo é esse? Coitada de ti, ter-te calhado o Bolachas. A minha turma nova vai a meio de um trabalho sobre os egípcios e eu fiquei preocupada porque não sabia nada sobre esse povo, mas a Flora emprestou-me os apontamentos dela, por isso suponho que ela seja a minha parceira. Está a ser muito simpática em me ajudar.

Isto não é apenas um desenho bonito, é um hieróglifo egípcio.

Muitos e muitos beijinhos

Da tua melhor amiga

Alice

Olá, Flora. Esta é uma mensagem muito pessoal para a Alice. Pára de ler aqui.

Querida Alice — Tu sabes MONTES de coisas sobre os egípcios. Não te lembras de o Callum nos ter levado a Londres e de termos visto as múmias no museu? Foi tão fixe — só que tu achaste tudo um pouco arrepiante, até as múmias dos gatos. Aposto como a rapariga do computador, a Flora, nunca viu múmias verdadeiras. Conta-lhe tudo sobre elas. Eu depois invento-te uma história sobre elas. Vou já começar a trabalhar nisso. Vai ser sobre uma Terrível Maldição e sobre uma múmia que regressa ao mundo dos vivos e cujas ligaduras caem, trazendo consigo bocadinhos enegrecidos de carne. Será uma história terrivelmente assustadora e irá impressionar todos os teus colegas novos. Só peço que não te tornes muito amiguinha de nenhum deles em especial, *okay?*

Muitos, muitos e muitos beijinhos

Da tua melhor amiga de sempre que nunca deixará de o ser

Gemma

Eu não tinha feito amizade com ninguém na escola. Principalmente não com o Bolachas. Não lhe falava, o que fazia com que esse tal trabalho fosse um problema. Seja como for, acho que arranjara uma solução: não falava *com* o Bolachas, dirigia-me ao espaço à frente dele, anunciando os meus planos.

— O meu trabalho vai ser sobre o Michael Owen, porque é o melhor futebolista de sempre e não se pode ser mais famoso que ele. Tenho montes de coisas sobre ele e posso copiar tudo com facilidade e recortar algumas fotografias dos jornais. Talvez até inclua um dos meus *posters* para a apresentação do trabalho.

Achei que estava a ser ultra-simpática e generosa para com o Bolachas, poupando-lhe montes de trabalho. Mas ele mostrou-se agradecido com a minha sugestão? Nem um bocadinho!

— Acho que estás com algum problema nos olhos, Gemma. Estás a falar comigo, mas estás a olhar para o ar. Faz montes de impressão.

— Eu *não estou* a falar contigo, Bolachas. Já te disse que não posso contigo. Se não fosses tão cobardolas, andava à pêra contigo. Estou apenas a falar alto, a falar comigo própria sobre este trabalho.

— Falar sozinha é o primeiro sinal de loucura — disse o Bolachas. — Não me admiro nada. Acho que perdeste totalmente o juízo, Gemma Jackson. De qualquer forma, não se devem contrariar os loucos, portanto não o farei. Só que *não vou* fazer nenhum trabalho sobre o Michael Owen. Não gosto de futebol e não sei nada sobre ele.

— Não *precisas* de saber. Já te disse que tenho toneladas de coisas sobre ele.

— Mas eu quero fazer algo diferente. Já há muita gente a fazer trabalhos sobre futebolistas, sobre o teu Michael Owen, ou sobre o David Beckham. Quero fazer uma coisa *original.*

— Ai sim? Sobre quem então?

— Sobre o Fat Larry.

— Quem?

— Nunca ouviste falar do Fat Larry?

— É algum grupo *pop*, ou alguma coisa no género?

— É uma pessoa. O Larry, que é gordo. É um *chef* de cozinha fantástico, da TV — já o *deves* ter visto. Ele usa uns espectaculares e enormes fatos, cheios de brilhantes, e um grande brinco de diamante.

— Ah, deve ter muito bom gosto... ou talvez não.

— Em cada programa, ele cozinha para um grupo diferente de pessoas, como crianças hospitalizadas, as velhinhas de um lar, ou para um grupo de mães numa propriedade. No princípio, toda a gente aparece com um ar triste, ou esquisito, ou aborrecido e sem qualquer vontade de comer, mas o Fat Larry anima-os e cozinha-lhes algo delicioso. No final do programa está toda a gente a rir, a comer e a divertir-se à grande e à francesa. E depois do genérico final, aparece um *cartoon* do Fat Larry como uma baleia.

— Pagam-te para fazeres publicidade a esse tal Fat Larry, ou quê?

— Só acho que ele é bestial. É famoso. Quero fazer um trabalho sobre ele. Aposto em como mais ninguém vai fazer.

— Pois não, porque mais ninguém quer saber do Fat Larry. Olha, vamos fazer um trabalho sobre o Michael Owen. *Já disse* que tinha toda a informação...

— E eu também. Tenho os três livros de cozinha do Fat Larry.

— Grande coisa!

— Com receitas. Podíamos fazer algumas coisas para a apresentação.

Olhei para ele como deve ser. — Que tipo de coisas?

— Qualquer coisa! Podíamos passar em volta umas travessinhas de canapés... ou miniaturas de bolinhos... ou mini-*pizzas*. O que quisermos. Eu podia fazer uma demonstração de culinária estilo Fat Larry. Sei montes das suas anedotas e até pareço um Fat Larry em ponto pequeno. Ei, talvez a minha mãe consiga encontrar no mercado um tecido brilhante barato e me faça um fato à Fat Larry em ponto pequeno!

— *Eu* podia exemplificar umas jogadas de futebol. Tenho o equipamento do Liverpool, portanto podia ser o Michael Owen — disse eu, mas com pouca convicção. Estava apenas a discutir por discutir. Tinha de reconhecer que a ideia do Bolachas era brilhante... para *ele*.

— Vamos supor que fazes de Fat Larry. O que faria eu?

— Podias ler as receitas em voz alta — respondeu o Bolachas.

— O quê? Como se fosse a tua assistente? Nem penses. *Eu* serei o Fat Larry e *tu* podes ler as receitas.

— Agora estás a ser parva. Não te pareces nem um pouco com ele.

— Não teria qualquer dificuldade em representar esse papel.

— Mas nem sequer o viste alguma vez na televisão! Andas muito estranha mesmo, Gemma. Seja como for, vou dar-te um desconto já que estás a atravessar um período difícil com as saudades que sentes da Alice.

— E tudo por *tua* causa!

— Não foi nada. E tu bem o sabes.

Suponho que lá *bem* no fundo eu sabia que, de facto, não tinha sido culpa do Bolachas. A Alice e eu teríamos sido apanhadas quer ele nos tivesse denunciado, ou não. Ou então teríamos acabado por apanhar o comboio de volta porque eu sabia que, *na verdade*, não poderíamos viver em Londres sozinhas. Mas não estava preparada para reconhecer nada disto, principalmente ao Bolachas.

— *Foi* culpa tua, seu balofo.

— Larry Balofo! Vou ser o Larry Balofo, estás a ouvir?

— Não, *eu* é que vou fazer de Larry e vou pedir à *minha* mãe que me faça um fato brilhante, vais ver só. Agora desaparece! Não falo contigo, lembras-te?

— Para quem não fala comigo, fartaste-te de dar à língua — disse o Bolachas alegremente. Depois tirou um embrulho de papel de prata da mochila e abriu-o cuidadosamente. Lá dentro estavam duas fatias do mais delicioso bolo de chocolate do mundo, enfeitado com cerejas escarlates e *chantilly*.

O Bolachas deu uma dentada enorme. O chocolate e o *chantilly* escorriam-lhe pelos dedos gordos e ele lambeu-os, todo satisfeito. — Ummmm — murmurou. — É uma receita especial do Fat Larry. Que delícia! Embora não devesse dizê-lo, já que fui eu que o fiz.

— Tu não sabes fazer um bolo desses, Bolachas!

— Isso é que sei. Bem, a minha mãe deu-me uma ajudinha.

— *Tu* ajudaste-a a *ela*, queres tu dizer.

— Podes gozar à vontade, Gemma, mas quando eu estiver a apresentar o nosso trabalho sobre o Fat Larry, *verás* que sei cozinhar.

— Quando *eu* estiver a fazer de Fat Larry, *tu* verás que *eu* sei cozinhar — disse eu, embora o meu coração começasse a bater mais depressa.

Tinha quase a certeza de que conseguiria fazer de conta que era o Fat Larry sem grande dificuldade depois de saber como ele na realidade era, embora não tivesse tanta certeza de conseguir convencer a minha mãe a fazer-me o fato, com brilhantes ou sem eles. Mas ter de cozinhar era uma história completamente diferente.

Uma vez, num dia em que a Mamã estava a trabalhar até tarde e o Papá estava a dormir, tentei fazer panquecas para mim e para a Alice. Tinha visto a Mamã a fazê-las no Dia das Panquecas e parecera-me fácil. A Alice não tinha tanta certeza. E com toda a razão.

Bati uns ovos com um pouco de leite e juntei-lhes um pouco de farinha, mas ficou tudo encaroçado. Fiquei com esperança de que os caroços se desfizessem na frigideira, mas como isso não aconteceu aumentei o lume para ver se resultava. Depois pus-me a conversar com a Alice e a comer passas. De seguida, espetei o dedo na manteiga e cobri-o com açúcar pois já estava a sentir-me esfomeada. Nisto apercebi-me de um cheiro estranho. Quando fui investigar, descobri que a panqueca encaroçada estava rapidamente a ficar preta. Pensei que ajudasse se a atirasse ao ar. Enganei-me redondamente. Pedacinhos de cinza estaladiça voaram por todo o lado e a gordura espalhou-se em cima do fogão.

Tentámos limpar tudo, mas não fomos muito bem-sucedidas. A frigideira estava coberta por uma crosta negra e grossa que não conseguimos eliminar.

Nem me quero lembrar do que aconteceu quando a Mamã chegou a casa. Foi demasiado doloroso. Digamos que a partir desse dia nunca mais tive vontade de tentar cozinhar.

— Vamos fazer o seguinte. Deixa-me ser o Fat Larry e dou--te metade do meu bolo — sugeriu o Bolachas, segurando uma fatia mesmo debaixo do meu nariz, para que eu pudesse cheirar o seu divino chocolate.

Queria tanto uma fatia!

Não queria ter de cozinhar. Na realidade não queria um fato brilhante. Nem sequer me apetecia andar à procura do Fat Larry na TV. Mas não podia ceder agora. Não queria ceder ao Bolachas.

Não queria fazer as pazes.

— Yuchhh — disse eu. — Detesto bolo de chocolate. E *eu* é que vou ser o Fat Larry, pronto!

11

— Alguma vez ouviste falar do Fat Larry, avô? — perguntei, enquanto íamos para casa a pé, depois das aulas.

— Sim, é um *chef* da TV. É bastante cómico. O programa dele não é mau, mas prefiro o da Nigella. — E o avô começou a divagar sobre essa tal Nigella, até eu lhe dar um puxão na manga.

— Não, avô, preciso de saber coisas sobre o Fat Larry. Quando é que passa o programa dele? Quero vê-lo. Por que é que eu nunca o vi?

— Passa às sete e meia. É a hora a que a tua mãe vê a sua *Corrie*, não é? Eu gravo-te o *Fat Larry* se quiseres, querida.

— Sabes fazer as receitas do Fat Larry, avô?

— Estás a gozar comigo, não estás? Não sou um destes homens modernos, sou da velha guarda, e o máximo que sei fazer são tostas com feijões em molho de tomate. — O avô suspirou. — Dava tudo por um jantar de carne assada da tua avó com aquele maravilhoso pudim *Yorkshire*[3]! E ela costumava fazer um *triffle*[4] delicioso — e tartes de maçã e bolo de fruta...

— Talvez eu tenha saído a ela. Eu faço-te montes de pratos deliciosos, avô.

— És uma rapariga muito talentosa, Gemma, mas não acho que sejas uma cozinheira nata. A tua mãe contou-me aquele episódio desastroso das panquecas.

---

[3] Massa cremosa, enformada, cozida no forno, na gordura que ressuma da carne ao assar e servida com ou antes de rosbife. (*NT*)

[4] Bolo com creme, claras de ovos, frutas, amêndoas, etc, embebido em vinho. (*NT*)

— Ela suspendeu-me a semanada durante séculos para pagar uma frigideira nova. E agora quase não a usa porque diz que os fritos fazem mal à saúde. Avô, a Mamã não faz pudim *Yorkshire*, mas às vezes, aos domingos, faz frango assado. Por que é que não vais lá almoçar?

— És um amor, Gemma. Mas eu até gosto de ir almoçar ao *pub* — ou, então, estou a trabalhar ao fim-de-semana, quando lhes falta um motorista. Talvez consiga arranjar-te outro passeio no *Rolls Royce* branco, se for escalado para um casamento, querida. O que vais fazer no sábado?

— Nada — respondi com um suspiro.

Eu não sabia como ocupar o tempo. Melguei o Jack até ele me deixar enviar um *e-mail* enorme à Alice. Tinha esperanças de que ela estivesse a brincar em casa da Flora, para poder receber uma resposta logo de seguida. Mas não tive tanta sorte. Queria desesperadamente ter notícias dela, mas até fiquei aliviada por saber que as duas não eram amigas de fim-de-semana. Essa tal Flora não me agradava nem um bocadinho. Parecia estar a tentar fazer com que a Alice se tornasse a *sua* melhor amiga. Mas não ia conseguir. Eu *sabia* que não ia.

O Callum perguntou-me se queria ir dar uma volta pelo parque. Levou a bicicleta dele e deixou-me andar nela e tentar fazer uma série de coisas malucas em cima dela. Nem sempre me saí bem. Quando caí pela terceira vez, esfolei um bocadinho da tinta. Sustive a respiração porque o Callum é muito picuinhas com o aspecto da sua bicicleta, mas ele mal olhou para ela. Em vez disso, mostrou-se muito preocupado com os meus joelhos, cuspindo num lenço de papel para tentar limpá-los.

— Ai! — queixei-me eu. — Desculpa ter arranhado a tua bicicleta, Callum.

— Não tem importância.

— Não tenho jeito nenhum para andar de bicicleta.

— Tens sim. Não andas melhor porque as tuas pernas ainda são pequeninas e a minha bicicleta é grande demais para ti. Vamos ter de te arranjar uma do teu tamanho, Gem.

— Pois, pois — disse eu, porque as bicicletas custam uma fortuna.

— Podíamos procurar uma bicicleta pequena, em segunda mão, uma que talvez precisasse de uns arranjozitos. Eu posso tratar disso. Será a tua prenda de anos.

Pensei no meu aniversário que seria no mês seguinte. O primeiro aniversário sem a Alice. — Acho que não quero saber do meu aniversário — disse eu.

— Isso é palermice, Gem. Faremos com que seja um dia realmente especial, vais ver — garantiu o Callum.

Ele estava a fazer um esforço enorme para ser simpático (muito embora me estivesse a magoar terrivelmente os joelhos), mas eu não consegui fingir.

— Sem a Alice é impossível que seja um dia especial — lamentei-me, desatando a chorar.

Tendo começado a chorar, não conseguia parar. O Callum já não tinha mais lenços para me limpar as lágrimas, por isso sentou-me no selim da bicicleta e levou-me rapidamente para casa.

A Mamã estava no trabalho, por isso não pôde ralhar comigo por causa dos joelhos esfolados.

— É melhor lavá-los como deve ser e pôr-lhes alguma coisa para evitar que infectem — disse o Callum. — Onde está o pai?

Não estava deitado no sofá a ver televisão. Não estava na cama. O táxi encontrava-se estacionado na entrada, por isso não tinha ido trabalhar.

— Então, onde se enfiou ele? — perguntou o Callum, levando-me pela mão. — Estará no jardim?

A Mamã andava há já algum tempo atrás dele para que cortasse a relva, mas esta continuava pela altura dos tornozelos e salpicada de dentes-de-leão dourados. Não se ouvia o trabalhar da máquina de cortar relva, mas ouvíamos um ruído distante de algo a ser serrado.

— Pai? — chamou o Callum.

Ouvimos um grito abafado vindo do velho barracão que havia no fundo do jardim.

— Pai, o que andas a fazer? — berrou o Callum, conduzindo-me pelo jardim. — Olha, a Gemma magoou-se.

— Ela o quê? — berrou o Papá, sem parar de serrar.

O Callum abriu a porta do barracão. — Olha para os joelhos dela — disse.

Mas o Papá apressou-se a empurrar a porta para a fechar novamente.

— Pai?

— Só um momento — respondeu ele.

Ouvíamo-lo a mexer-se apressadamente de um lado para o outro. Depois abriu-nos a porta. A sua bancada de carpinteiro estava tapada com um velho oleado.

— O que é que está ali debaixo? — funguei.

— Não tens nada com isso! — declarou o Papá. — Meu Deus, olhem só o estado em que tu estás! O que é que havemos de fazer contigo, Gem? Parece que andas sempre na guerra.

Eu sentia-me como se tivesse realmente saído de uma guerra. E não tinha saído vencedora. Tinha sido completamente arrasada.

Não me apetecia fazer nada. Passei a maior parte do tempo deitada no sofá do Papá a ver televisão. Nem sempre olhava para o ecrã. Ficava a olhar para o infinito e via a Alice.

Às vezes, esta Alice fantasma dizia-me adeus com a mão e dizia-me que estava com muitas saudades minhas. Às vezes também chorava. Mas, noutras vezes, sorria. Não para mim, mas para essa tal Flora. Depois punham-se as duas a dizer-me adeus e desapareciam a correr, de braço dado.

A Mamã regressou do trabalho e apanhou-me a chorar. Ela pensou que era por causa dos joelhos doridos. — Ainda mal te livraste das últimas crostas, sua pateta. Que hei-de eu fazer contigo, hummm? Como é que posso aperaltar-te toda com um vestido bonito, se estás sempre coberta de cortes, feridas e nódoas negras? — disse ela, limpando-me os joelhos com *Savlon*.

— Uui! Eu não *quero* aperaltar-me toda. Odeio aperaltar-me. E, principalmente, odeio vestidos.

— Pois é, aquele lindo vestido amarelo nunca mais será o mesmo — disse a Mamã, abanando a cabeça. — Portaste-te muito mal, Gemma. Aquele vestido foi um desperdício de dinheiro! Pensei que pudesses vesti-lo na tua festa de anos...

— Este ano não quero nenhuma festa de anos — disse eu. — Sem a Alice.

— É claro que queres. Podes convidar os teus outros amigos — insistiu a Mamã.

— Não tenho outros amigos — retorqui.

— Não sejas palerma, tens montes de outros amigos, querida. E aquele rapaz engraçado, com a alcunha esquisita? O Biscoito? Chocolate? Pudim?

— Não faço ideia de quem estás a falar, Mamã — menti.

— Seja como for, começa a pensar em quem queres convidar.

Baixei a cabeça. — A Alice — murmurei.

A Mamã suspirou. — Gemma, deve haver *algumas* raparigas na tua turma de quem gostes.

— Suponho que sejam fixes, mas não são minhas *amigas*.

— Talvez uma festa de anos especial seja uma excelente maneira de fazeres novas amizades. Agora, o que é que vais vestir, hum? Já percebi que não gostas de amarelo. Queres um vestido de que cor?

Encolhi os ombros. Pensei no bilhete que a Alice escondera na manga daquele horrível vestido cor de canário, e as lágrimas escorreram-me pela cara.

— Pára com essa choradeira tonta — ralhou a Mamã, mas sentou-se no sofá ao meu lado e pôs o braço à volta dos meus ombros. — E se for um vestido azul? Gostas de azul, não gostas, Gemma?

Depois lançou outra olhadela aos meus joelhos esfolados e disse: — Talvez esteja a perder tempo a falar de vestidos. E se te comprássemos umas calças bonitas, com um corte bem giro, e uma *T-Shirt* de marca? Está bem assim, boneca?

— Já sei o que gostaria mesmo de vestir na festa — disse eu de repente. — Gostava de um fato grande e com brilhantes.

A Mamã olhou-me de alto a baixo. — Um fato grande com brilhantes? — exclamou a Mamã, num tom saturado. — Que parvoíce, Gemma.

Decidi não forçar muito o assunto por agora. Teria de trabalhar bem a coisa. Para além disso, ainda não tinha a certeza de que género de fato queria.

O avô não se esqueceu de gravar o *Fat Larry* numa cassete de vídeo e mostrou-ma na semana seguinte, depois das aulas.

— O programa até é bastante bom. O Fat Larry é bastante cómico — disse o avô. — É certamente uma boa publicidade para os seus cozinhados. Olha só para o tamanho dele!

O Fat Larry era muito, muito gordo. O seu fato vermelhão e reluzente era muito, muito grande. Teria de meter uma almofada nas calças para ficar mais cheiinha. Isto *se* a Mamã me fizesse as calças. Ela não parava de dizer que a sua menina jamais iria vestir um fato tão bizarro para a sua própria festa de aniversário. Tinha esperanças de que ela amolecesse um bocado.

Vi o *Fat Larry* com toda a atenção e, quando o programa acabou, pedi ao avô para o vermos outra vez.

— Outra vez? — perguntou o avô. — És uma menina muito engraçada, minha Gem. Tens algum fraquinho por esse Fat Larry? Estavas a olhar fixamente para ele como se estivesses hipnotizada. Não me digas que te apaixonaste por ele! — O avô levantou e baixou as sobrancelhas e pôs-se a fazer ruídos de beijos.

— Eu não estou *apaixonada* pelo Fat Larry. Só quero fazer o papel dele — disse eu.

Os olhos do avô quase lhe saltaram das órbitas. — És uma miúda muito estranha, querida — afirmou, mas passou novamente o vídeo.

Observei o Fat Larry a saltitar pelo estúdio, como se tivesse molas nos seus enormes sapatos de camurça. Observei o Fat Larry a agitar os braços gordos como se fossem moinhos de vento. Observei-o a sacudir frascos de temperos para dentro da panela, como se estivesse a tocar maracas[5], e a provar o seu bolo de chocolate, lambendo os lábios d-e-v-a-g-a-r-i-n-h-o, como se fosse o gato mais feliz do mundo, dentro de um tanque de natas.

Quando o avô saiu da sala para ir fazer uma chávena de chá, tentei saltitar, agitar os braços e sorrir como ele. Senti um formigueirozito a subir-me pela espinha. Estava a apanhar-lhe o jeito.

Obriguei o avô a prometer que me gravava o Fat Larry sempre que ele aparecesse na televisão.

— Tenho a certeza de que há à venda vídeos dos seus programas antigos — disse o avô.

— Se gostas mesmo desse gorducho, posso oferecer-te alguns no teu aniversário.

— Oh, avô, não comeces também a falar do raio dos anos — refilei eu. — Todos me perguntam o que quero receber. Eu sei que estão apenas a querer ser simpáticos, mas eu não quero mesmo nada, para além de um fato à Fat Larry.

— Ai, meu Deus! — exclamou o avô. — O que é que a tua mãe vai dizer disso, ummm?

— Ela vai fazer-me um — respondi.

---

[5] Espécie de chocalho. (*NT*)

— Ai, vai? — disse o avô.

— Bem... talvez mo faça. Avô, tu sabes coser, não sabes?

— Ajeito-me a coser botões, querida, mas seria capaz de costurar um fato brilhante tanto quanto conseguiria voar até à Lua.

— Eu não quero voar até à Lua, avô. Só até à Escócia. Consegui que o Jack me visse o preço de um bilhete de avião na Internet, mas custa mais de cem libras, por isso não tenho porcaria de hipótese de comprar um.

— Shh! Que linda linguagem. Olha, talvez um dia possas ir à Escócia nas férias.

— Nunca conseguirei lá ir. O Papá diz que só quer ficar deitado numa praia a apanhar sol. Diz que a Escócia é demasiado fria. E a Mamã quer ir para sítios onde haja muitas lojas e a casa da Alice é no campo, onde *não há* lojas. E iríamos demasiado para o fim das férias de Verão. Eu preciso de ver a Alice *agora*, no nosso aniversário.

Desatei a chorar. O avô puxou-me para o colo e encostei a cabeça à camisola velha que ele trazia vestida, inalando o seu cheiro quentinho, a lã.

— O que é que está a perturbar-te tanto neste aniversário, boneca? — perguntou o avô.

— No nosso aniversário, a Alice e eu fazemos sempre um desejo: que sejamos melhores amigas para sempre. Neste aniversário não vamos estar juntas e estou morta de medo porque a Alice tem uma amiga nova, a Flora. Não pára de falar dela nos seus *e-mails*. E se a Alice convidar a Flora para ir lanchar lá a casa no seu dia de anos e as duas cortarem o bolo de aniversário e fizerem o desejo de melhores amigas?

Há dias que pensava nisto, mas as palavras apenas se contorciam no meu cérebro como pequenas larvas. Agora que as dissera em voz alta pareciam zumbir pela sala como vespas furiosas, espetando o seu ferrão a cada passagem.

12

O avô afirmou que a Flora não podia constituir nenhuma ameaça para mim. Disse que a Alice conhecia a Flora há apenas cinco minutos, enquanto que me conhecia desde o dia em que nascera. Disse que a Alice e eu éramos como irmãs, e que mesmo que não estivéssemos juntas poderíamos sempre contar uma com a outra e seríamos melhores amigas para sempre. Declarou que a avó e ele sempre haviam sido os melhores amigos do mundo e que isso não mudara quando ele esteve a trabalhar na Arábia Saudita, o que os obrigou a estarem separados meses a fio. O avô disse isto tudo e eu escutei-o.

Mesmo assim, estava preocupada.

E continuei preocupada. Todos os dias mandava grandes *e-mails* à Alice. Detestava ter de o fazer através da Flora. Que nome mais estúpido! Mentalmente, comecei a chamá-la A Rapariga da Margarina. Estava tão farta de ouvir falar de como era brilhante no raio do *ballet*, do seu lindo quarto, e das suas roupas maravilhosas e fixes. A mim pareciam-me ridículas: camisolas estúpidas que mostravam a barriga, saiinhas justas e sapatos com saltos verdadeiros. Eu cá gosto de manter a minha barriga bem tapada, e odeio saias justas porque não nos deixam correr, e os saltos são estúpidos porque se prendem nas coisas e fazem com que caminhemos todas desequilibradas e com o rabo espetado.

Acho que devo ter dito algumas destas coisas num dos meus *e-mails*. A mãe da Alice não a deixava vestir camisolas curtas e saias justas nem calçar sapatos de salto, porque dizia que a Alice ainda era pequena, por isso não tinha necessidade nenhuma de se vestir como se fosse a um clube nocturno. A Alice sempre concordara comigo em como estas roupas eram estúpidas, mas desta vez retribuiu o *e-mail* dizendo: «És *mesmo* um caso perdido, Gemma.» E depois escreveu montes de coisas sobre os novos sapatos com «saltos prego»[6] da Flora, e que como elas calçavam o mesmo número, a amiga emprestava-lhos porque era «muito, muito simpática!»

Eu já tinha topado a Flora. Ela não era nada simpática. Estava apenas a tentar roubar-me a minha melhor amiga. Fosse como fosse, eu não fazia a mínima ideia do que eram «saltos prego». Era um nome parvo. As pessoas não caminham sobre pregos!

Perguntei à Mamã como eram e ela descreveu-mos muito minuciosamente.

— Porquê, Gemma? Não queres uns sapatos com saltos prego, pois não? És nova demais para usares qualquer tipo de saltos, mas seria bom variares um pouco daquelas horríveis sapatilhas velhas — disse a Mamã cheia de esperança.

— *Mamã!* Eu não quero sapatos com saltos prego nenhuns — protestei e, depois de uma pausa, continuei: — Mas queria muito um fato grande e com brilhantes.

A Mamã suspirou. — Lá vens tu outra vez com essa conversa. Não vou permitir que a minha filha ande por aí vestida como um travesti!

— Tu às vezes levas fatos de calças e *blazer* para o trabalho, Mamã. Isso significa que andas vestida como um travesti?

— Não, não significa, sua descarada — disse a Mamã, puxando-me ao de leve o cabelo e suspirando. — Está completamente espetado, ainda mais do que o costume, Gemma! Que lhe tens andado a fazer?

---

[6] Saltos pequeninos mas muito fininhos, que não dão grande equilíbrio ao andar. (*NT*)

Estivera a passar as mãos repetidamente pelo cabelo, enquanto lia o mais recente *e-mail* da Alice, mas não ia contar isso à Mamã. Deixei-a domá-lo com a escova.

— Pronto! O teu cabelo até fica bastante bonito se cuidares um pouco dele. Até ficava muito giro se o deixasses crescer.

— Estive a pensar e acho que até gostaria dele um pouco mais curto, Mamã — disse eu. O Fat Larry tinha um corte de cabelo muito curto. O ideal seria que conseguisse cortar o cabelo à escovinha, como os *cabeças-rapadas*, mas sabia que a minha mãe teria uma síncope só de pensar nisso.

Ia ter problemas sérios com a minha imitação do Fat Larry, mas não podia desistir. Eu sabia que seria capaz de representar brilhantemente o papel de Fat Larry. Bem, desde que também fosse capaz de cozinhar um bocadinho.

Sorri para a Mamã, batendo encantadoramente as pestanas.

— Tens alguma coisa nos olhos, Gemma?

— Não, não, estão óptimos. Mamã, perdoa-me por não ser tão feminina como a Alice. Gostava que me ajudasses a fazer coisas femininas.

A Mamã pestanejou por sua vez. — Oh, minha querida Gemma! É claro que te ajudo. Posso ensinar-te como deves arranjar o cabelo. Talvez pudéssemos dar um jeito às tuas unhas... estão sempre tão sujas. E podias retomar as aulas de *ballet* e...

— O *ballet não*, Mamã! Mas ensinas-me a cozinhar? *Adorava* mesmo aprender a cozinhar. Ensinas-me a fazer algumas coisas? *Por favor?*

— Bem, acho que é melhor não começarmos ainda pelas panquecas — sugeriu a Mamã. — Mas teria muito gosto em ensinar-te a cozinhar. Anda daí, podes ajudar-me a fazer o jantar. Vamos comer couve-flor gratinada.

— Yuchh! *Odeio* couve-flor gratinada. Não podemos comer esparguete à bolonhesa?

— Tu realmente és o máximo, Gemma. És a única pessoa nesta família que ainda consegue sequer pensar em comer esparguete à bolonhesa e, no entanto, foste *tu* quem o vomitou por todo o lado — disse a Mamã, estremecendo com a recordação. — O jantar é couve-flor gratinada. Vais ter de a comer, quer gostes, quer não.

Uma das razões pelas quais não gostava de couve-flor gratinada era o aspecto que tinham todos aqueles pedacinhos mal cheirosos de couve-flor a boiar no molho de queijo. Tinha a certeza de que este prato não constava do livro de receitas do Fat Larry mas, pelo menos, era um cozinhado e eu precisava de praticar.

A minha mãe pôs-me a ralar o queijo, enquanto ela lavava e cortava a couve-flor. Tive de ralar *muito* queijo. Sempre que achava que a Mamã não estava a olhar, dava uma dentada rápida na fatia grossa que tinha na mão, mas ela apanhou-me a mastigar e deu-me um enorme sermão.

— Mamã, é um facto sobejamente conhecido que todos os bons *chefs* de cozinha provam a sua própria comida. Faz parte do processo criativo culinário — disse eu em tom superior, atrevendo-me a dar uma última dentadinha.

— Pára com isso! Não quero as marcas dos teus dentes pelo queijo todo, sua porquinha. E os *chefs* provam a sua comida *depois* de estar confeccionada, não quando ainda não passa de ingredientes crus. Agora, continua a ralar, daqui a nada quero começar a fazer o molho.

Ralei e ralei e ralei. Tentei fazê-lo seguindo um ritmo. Depois comecei a inventar uma música *rap*, batendo com o ralador no prato para marcar o ritmo.

«É assim que ralo o queijo
É assim que ganho um beijo

É assim que me divirto
É assim que ganho o meu guito
É assim que danço
É assim que me balanço
É assim que me chocalho
É assim que passo o tempo
É assim que faço sempre...»

— *Gemma!* — interrompeu a Mamã.

Assustei-me com o seu grito e dei um salto, ralando o dedo em vez do queijo. O sangue espalhou-se rapidamente por cima da minha montanha de queijo, tingindo-o de uma interessante tonalidade escarlate. A Mamã teve de deitar o meu queijo ensanguentado fora e começar tudo de novo, com um pedaço novo de *cheddar*.

Eu observei-a rodando o meu polegar dorido, coberto por um penso.

— O que é que posso fazer, Mamã, já que não me deixas continuar a ralar?

— Podes desaparecer daqui, Gemma. Por favor. Se realmente queres ajudar, podes pôr a mesa.

— Isso não é cozinhar! Por favor, Mamã, deixa-me fazer alguma coisa. Vá lá, estás sempre a chatear-me para me interessar por coisas de meninas, e agora que estou a mostrar interesse não estás a dar-me incentivo nenhum.

A Mamã suspirou, mas quando acabou de ralar o queijo mostrou-me como se fazia o molho. Tentei memorizar tudo. Ainda estava em modo *rap*.

«Derrete a manteiga
Disse a Mãe.
Junta a farinha,

Mistura-a bem
Junta o leite
Mexe até ficar um creme sedoso
Depois entra o queijo
Assim é que é...»

cantarolei, saltitando pela cozinha.

Eu era a cozinheira-cantora e bailarina. Talvez me dessem o meu próprio programa na TV e me tornasse tão famosa como o *Fat Larry*. Seria a Genial e Gira Gemma, a figura de topo das audições televisivas, que apresentava as suas receitas ao ritmo do *rap*, e as suas dicas ao som do sapateado.

Fiz uma pirueta, abrindo os braços completamente no ar, agradecendo os aplausos dos espectadores que estavam no estúdio. O meu gesto foi um pouco exuberante demais, pois bati no braço da Mamã e a frigideira voou pelo ar...

Acabei por ficar *outra vez* de castigo. Um bom bocado mais tarde, quando começámos a jantar, não tinha vontade nenhuma de comer a minha couve-flor gratinada.

— Pelo que vejo, a nossa Gemma é um desastre na cozinha? — murmurou o Papá para a Mamã, quando partia para o trabalho. A gritaria que se ouvira na cozinha tinha ecoado por toda a casa.

A Mamã fungou. — Não tem piada nenhuma. Ela está *terminantemente proibida* de voltar a entrar na minha cozinha enquanto eu estiver a cozinhar!

— Boa, Gem — disse o Callum, com um sorriso maroto.

Não tive coragem de retribuir o sorriso. Estava a começar a concordar com a Mamã. Não tinha piada nenhuma mesmo. Como é que eu ia aprender a cozinhar se estivesse proibida de voltar a entrar na cozinha? Decidi que teria de suplicar que o avô me deixasse praticar em casa dele.

Fartei-me de sofrer durante as aulas, no dia seguinte. O Bolachas estava insuportável, falando sem parar sobre o seu fato cintilante, à Fat Larry. A mãe *dele* tinha ido de propósito a Londres, à procura do tecido cintilante adequado. A especialidade do Fat Larry eram as cores das luzes do semáforos, e tinha um fato vermelho, um amarelo e outro verde-esmeralda.

— Escolhi o verde-esmeralda — gabou-se o Bolachas.

— Ai sim? E achas que vais conseguir pôr-me verde de inveja, é? — disse eu. — *Okay,* vou escolher um fato à Fat Larry, vermelho, e tu ficas vermelho de fúria.

— Deixa de ser parva. Sabes perfeitamente que *eu* é que vou fazer de Fat Larry. Sou *parecido* com ele.

— Eu também vou ficar parecida com ele.

— Mas não tens um fato brilhante.

— Mas vou ter. A minha mãe vai fazer-mo.

— Então vai ter de se despachar. Não ouviste? A Mrs. Watson anunciou que a apresentação dos trabalhos é de amanhã a oito dias. E o melhor vai receber um prémio.

— Ainda falta montes de tempo — respondi descontraidamente mas, por dentro, comecei a entrar em pânico. Teria de ver vídeos do *Fat Larry* todos os dias e praticar muito os meus dotes culinários.

Saí da escola a correr, para me encontrar com o avô.

— Olá, minha *Iced Gem*. Porquê tanta pressa? — perguntou o avô, dando-me a mão.

— Quero ir ver o *Fat Larry* e cozinhar a sério, lá na tua casa, antes de a Mamã me ir buscar, avô — disse eu.

— Socorro! — exclamou o avô. — Não me importo que vejas o *Fat Larry*, mas não tenho tanta certeza sobre a parte do «cozinhar a sério». O teu pai telefonou-me hoje. Não quero que rales mais nenhum dedo, está bem? — disse, apertando-me suavemente o polegar acidentado.

— Tenho de arranjar maneira de praticar, avô. Achas que podia ir para tua casa no fim-de-semana para aprendermos a cozinhar juntos?

— Estou ocupado no fim-de-semana, meu amor — disse o avô, com um sorriso estranho estampado no rosto.

— *Por favor*, avô!

— Não posso, querida. Tenho um trabalho especial.

— Droga! — desabafei. — Quem me dera que não tivesses o raio do emprego.

— Olha a linguagem, menina! É um emprego bastante bom, querida. Principalmente o trabalho deste fim-de-semana. Uma senhora de idade partiu uma perna durante uma visita que fez à filha, e é preciso ir buscá-la e levá-la a casa de uma outra filha em Londres. Ela recusa-se a ir de avião, e não pode ir de comboio porque a perna tem de estar levantada. Como decidiu fazer a viagem com todo o conforto, vou buscá-la no *Mercedes*.

Perguntei a mim própria por que razão o avô estava a falar da velhota com tanto pormenor.

— Adivinha onde é que ela vive, Gemma! — disse o avô, com os olhos muito brilhantes. — No leste da Escócia... a cerca de sessenta ou oitenta quilómetros da casa nova da Alice. Por isso, pensei que pudéssemos enfiar-te no carro e levar-te a fazer uma viagenzita. Se formos na sexta-feira, podes passar o sábado inteiro com a Alice. Agrada-te a ideia?

— Oh, avô! — exclamei.

Dei um salto e atirei-me ao pescoço do avô, abraçando-o com força.

13

Estava tão excitada que me sentia como se estivesse a dançar sapateado no ar, mal tocando no passeio.

Depois a Mamã meteu a colherada.

— O teu avô perdeu o juízo. Não se pode fazer uma viagem tão longa até à Escócia apenas num fim-de-semana. E a velhota não vai querer-te no carro com ela, Gemma. É uma ideia ridícula. E a Karen não vai gostar nada que lhe apareças à porta, assim sem mais nem menos. Eu sei que ela considera que exerces má influência sobre a Alice, e tem razão.

A mim parecia-me que a Mamã tinha uma colher verdadeira e gigante na mão, e que estava a bater-me com ela na cabeça. Sentia-me como se estivesse a enterrar-me nas tábuas do soalho, como se fosse um prego, até o meu queixo tocar na alcatifa.

Como sempre, o Papá dormitava no sofá, mas depois abriu os olhos, levantou-se e aproximou-se da Mamã.

— Que barulheira é esta?

A Mamã contou-lhe. — O teu pai não tem o direito de arranjar esta confusão toda. Pôs a Gemma toda excitada. Olha só como ela está!

— *Por favor*, Mamã, deixa-me ir. O avô disse que não havia problema nenhum — solucei.

— Não importa o que o teu avô diz. Eu sou a tua mãe e digo que não vais.

O Papá pegou na sua caneca de café. Deu um longo trago e disse: — Acho que aquilo que o teu avô diz importa e muito, Gemma. Eu sou o teu pai e digo que *vais*!

— O que é que estás para aí a dizer? É uma ideia estapafúrdia. O teu pai está louco.

— Não está não. Ele não suporta é ver a tristeza em que a Gemma tem andado por ter perdido a pequena Alice. Não vejo qual é o teu problema. O pai sabe o que está a fazer. Não há melhor condutor que ele e descansará pelo caminho. A empresa de aluguer de carros não vai gostar se descobrirem que a Gemma vai, mas se o pai está disposto a correr esse risco não vejo por que nos devamos opor. Ela consegue aninhar-se facilmente num cantinho do *Mercedes*. Talvez até seja uma boa companhia para essa tal velhota. E, tens razão, todos nós sabemos que a Gemma não é exactamente a pessoa de quem a nariz empinado da Karen mais gosta, mas duvido que ela tenha a coragem de a mandar embora, se Gemma lhe aparecer à porta. Deixa as miúdas passarem um dia bom juntas. Será como se estivessem a festejar o aniversário mais cedo.

O Papá bebeu um grande gole de café. Devia ter a garganta completamente seca, pois não estava habituado a falar tanto de uma só vez.

A Mamã normalmente falava que se fartava, mas agora parecia que tinha ficado muda. Sustive a respiração.

Ela olhou para o Papá. Depois olhou para mim e abanou a cabeça. — É uma ideia completamente louca. Tenho a horrível sensação que isto vai tudo acabar em lágrimas.

— Olha para a miúda. Ela já está lavada em lágrimas — disse o Papá. — Vamos deixá-la ir.

A Mamã suspirou e depois encolheu os ombros. — Está bem. Não consigo lutar contra os dois. A Gemma pode ir.

Atirei-me novamente ao ar. A minha felicidade era tanta que quase toquei no tecto. Com falinhas mansas, consegui que o Jack me deixasse usar imediatamente o seu computador, apesar de estar ocupado a pesquisar informações para um qualquer trabalho escolar entediante, sobre a nossa galáxia.

Pensei momentaneamente no *meu* trabalho mas, de repente, sènti que já não me importava muito com ele. Afinal, talvez deixasse o Bolachas ser o Fat Larry, dado que era gordo, que ia ter um fato cintilante e sabia cozinhar. Não compreendia por que eu fizera tanto alarido. Apenas uma coisa me preocupava agora. *Ver a Alice*!

Olá, Flora. Por favor entrega esta mensagem superimportante à Alice, logo que seja HUMANAMENTE POSSÍVEL.

Querida Alice, Não sei se tens alguma coisa planeada para sábado, mas se tiveres cancela-a imediatamente porque adivinha só!!!!!!! O meu avô vai levar-me até à Escócia de carro, na sexta-feira à noite, e vai deixar-me em tua casa no sábado de manhãzinha. Não é FANTÁSTICO??!! Mal posso esperar! Mas não digas à tua mãe, porque ela agora não gosta de mim.

Muitos beijinhos da tua melhor amiga do mundo

Gemma

Rezei para que a lesma da Rapariga da Margarina voasse até casa da Alice, mas não tive essa sorte. Tive de esperar SÉCULOS por uma resposta. Melguei repetidamente o Jack, morta de medo que ele pudesse, distraidamente, ter apagado a minha mensagem ou a tivesse misturado com o seu trabalho da escola e a tivesse enviado para algum canto longínquo da galáxia. Mas, *finalmente*, a Alice respondeu.

Querida Gem,

Que notícia maravilhosa! Estou ansiosa por te ver. Sabes a que horas vens? E quando é que vais embora? Sabes, é que normalmente vou com a Mamã às compras nos sábados de manhã, mas não te preocupes, direi que estou com dores de cabeça, ou de ouvidos, ou qualquer coisa no género, para poder ficar em casa. No entanto, se me queixar muito, a Mamã ainda me obriga a ir ao médico. Mas não te preocupes, eu arranjo uma desculpa. A Flora dá-me uma ajuda. Ela tem sempre boas ideias.

Beijinhos da Alice

Não gostei lá muito da parte da Flora. Por que é que a Alice quereria metê-la ao barulho? *Eu* é que tinha boas ideias. E *más*. Já sou conhecida por isso.

Nisto, tive outra ideia brilhante. O Papá dissera que seria como um aniversário antecipado para nós as duas, por isso precisávamos de um bolo de aniversário. Assim, poderíamos apagar as velas juntas e fazer o nosso desejo de sermos melhores amigas para sempre, e estaríamos seguras por mais um ano.

Contudo, havia um pequeno problema: eu não sabia fazer um bolo de aniversário.

Mas conhecia um rapaz que sabia.

— Olá, Bolachas — cumprimentei no dia seguinte, na escola.

O Bolachas pestanejou, nervoso. — O que se passa? — perguntou.

— Não se passa nada — respondi eu.

— Então, por que é que estás a sorrir-me dessa maneira?

— Somos companheiros, não somos?

— Gemma, caíste num buraco do tempo? Nós *fomos* companheiros, em tempos. Depois aconteceu aquela história toda contigo e com a Alice e não quiseste mais ser minha amiga. Querias que fôssemos inimigos mortais. Até me quiseste bater, o que me assustou e muito, dado que sou um Cobarde de Primeira Classe. E agora temos esta trégua frágil porque temos andado a preparar o nosso trabalho sobre o *Fat Larry* e...

— Por falar no *Fat Larry*, Bolachas, sabes aquele bolo de chocolate delicioso que fizeste? Daria um *excelente* bolo de aniversário.

O Bolachas passou a língua pelos dentes. — Pois daria — disse atenciosamente.

— Bolachas, achas que podias dar-me a receita?

— Claro — disse ele. — Sei-a de cor. O que tens de fazer é...

E disse-me o que tinha de fazer. Era como se estivesse a falar uma língua completamente diferente.

— Espera um pouco — pedi, tentando anotar tudo. — Se temos margarina e açúcar, como é que as transformamos em creme? Deitamos-lhe algum creme em cima?

O Bolachas riu-se como se eu estivesse a contar uma anedota. Depois olhou para a minha cara. — Nunca fizeste nenhum bolo, Gemma?

— Bem... não propriamente. Bolo *bolo* nunca fiz.

Quando éramos pequenas, a Alice e eu amassávamos tigelas de terra e enfeitávamo-las com campainhas e margaridas, e *chamávamos-lhes* bolos, mas não eram bolos comestíveis.

Tive uma súbita e agoirenta sensação de que, mesmo que usasse ingredientes verdadeiros, o meu bolo não seria totalmente comestível.

— É fácil transformar a margarina e o açúcar em creme, principalmente se a tua mãe tiver um bom copo misturador.

— A Mamã não me deixa entrar na cozinha. De qualquer forma, acho que ela não tem nenhum copo misturador. Ela compra os meus bolos de aniversário no *Marks and Spencer*. Vou fazer este bolo em casa do avô. Acho que ele também não tem nenhum copo misturador.

— E tem formas? E uma peneira? E um saco de pasteleiro para escrever uma mensagem no bolo?

— Não. E não. E outra vez não — disse eu, suspirando.

— Bem, então vai até minha casa depois das aulas. Podes usar as coisas da minha mãe e eu ensino-te a fazer o bolo — sugeriu o Bolachas.

O seu rosto brilhava de boa vontade e generosidade. Eu tinha sido horrível para ele nas últimas semanas. Até lhe armara uma emboscada na casa de banho e tentara dar-lhe uma tareia. Insultara-o deliberadamente. Tinha feito os possíveis por impedi--lo de desempenhar o papel do seu herói.

E ele não me tinha retribuído estas maldades uma vez sequer. O Bolachas era realmente um rapaz de grande coração.

O meu próprio coração parecia ter mirrado até ficar do tamanho de um grão de areia. Sentia-o a esgadanhar-me o peito.

— És um querido, Bolachas — disse eu, numa voz muito fininha.

O Bolachas esboçou um sorriso malandro. — Não sei se sou. É bastante divertido fazer com que te sintas culpada — disse.

Fingi que lhe dava um calduço na cabeça. Ele fingiu que me puxava o cabelo. E pusemo-nos os dois na brincadeira, durante algum tempo, fingindo que estávamos a fazer *kick boxing* e a lutar *kung fu*, até estarmos os dois perdidos de riso.

A Mrs. Watson entrou na sala de aulas e encontrou-nos caídos no chão, cutucando-nos um ao outro debilmente, com os dedos mindinhos.

— Estão a lutar um com o outro? — perguntou, sem ter a certeza.

— É um duelo mortal de cutucadas com os dedos, Mrs. Watson — respondi. — Só que é difícil cutucar o Bolachas como deve ser porque ele é tão gor... tão grande e forte e musculado.

— Lá isso é — concordou a Mrs. Watson. — Bem, por mais encantador que seja ver-vos engalfinhados no vosso estranho combate, prefiro pensar que estão aqui para *aprender*. Ponham-se de pé e vão para os vossos lugares, senão *eu* é que começo a cutucar-vos a *vocês*... com a minha *régua!*

Quando o avô foi buscar-me à escola, perguntei-lhe se podia ir para casa com o Bolachas para aprender a fazer bolos.

— O senhor também pode vir — disse o Bolachas para o avô.

— É muito simpático da tua parte, meu jovem, mas de certeza que estão mais à vontade sem mim — agradeceu o avô.

— Não estamos não! — protestei eu. — Também pode aprender a fazer bolos. O Bolachas faz uns bolos fantásticos. Aposto como o próprio Fat Larry não consegue fazê-los melhor.

— O Bolachas também é um óptimo candidato para personificar o Fat Larry — comentou o avô. — Por que é que não é *ele* a representar esse papel no tal trabalho escolar?

Houve uma pequena pausa e eu inspirei fundo.

— Tens razão, avô. *Okay*, Bolachas. Quando apresentarmos o trabalho, fazes tu de Fat Larry.

O Bolachas mordiscou pensativamente o lábio. — Acho que devíamos arranjar maneira de sermos os dois o Fat Larry. Seria mais justo — disse ele. E convenceu o avô a ir connosco até casa dele.

— Bem... se tiveres a certeza de que a tua mãe não se importará — cedeu o avô. — Falando de mães, Gem, é melhor ligarmos à tua a dizer-lhe onde estamos.

Telefonou para o emprego da Mamã. Eu conseguia ouvi-la a matraquear-lhe ao ouvido, provavelmente fazendo um extenso interrogatório sobre o Bolachas e a sua família. O avô segurou o telefone bem junto ao ouvido e murmurou várias vezes: «Sim, Liz. Não, Liz». Depois fez uma careta, «Sim, aos molhos, Liz» e eu ri-me.

Enquanto nos dirigíamos para casa do Bolachas, o avô sugeriu que esperássemos junto ao portão, em vez de entrarmos logo. — Assim podes dar um saltinho lá dentro para perguntares à tua mãe se a nossa presença é conveniente — disse ele, esfregando a orelha, como se a voz da minha mãe ainda estivesse a atazaná-lo.

— A minha mãe não vai importar-se — assegurou-nos o Bolachas. — Ela gosta que eu traga amigos para casa.

— Pois, mas ela pode não gostar de mim — disse eu. — *Há mães* que não gostam nem um bocadinho de mim.

Mas a Mrs. McVitie deu-me um grande sorriso quando abriu a porta da frente.

— Esta é a Gemma, Mãe — apresentou o Bolachas animadamente.

— É claro que é — respondeu a Mrs. McVitie. — Já ouvi falar muito de ti, querida. — E sorriu para o avô. — O senhor é o pai da Gemma?

— Sou o avô.

— Quem diria! Não parece ter idade para ser avô — declarou a Mrs. McVitie.

Ela estava só a brincar, mas o avô ficou todo contente.

Na família McVitie toda a gente sorria. O Mr. McVitie sorria quando chegou a casa, vindo do trabalho, na sua barbearia. Passou-me a mão pelo cabelo, despenteando-me, e perguntou se eu tinha acabado de o cortar.

— Não, é suposto estar a deixá-lo crescer. Não que me apeteça muito. Eu queria cortá-lo mesmo curtinho. O senhor não mo corta com pente um, como os *cabeças-rapadas*?

O Mr. McVitie desatou à gargalhada. — Não creio que a tua mãe ficasse muito satisfeita se eu o fizesse, querida. Acho melhor falares primeiro com ela.

Decidi deixar a ideia em suspenso por uns tempos.

A avó do Bolachas sorria enquanto preparava chá para todos. O chá do avô foi servido numa caneca que dizia «BORRACHO», o que o fez rir um bocadinho. Era suposto ele assistir à aula de culinária comigo, mas acabou por ficar sentado no sofá com a avó a ver um álbum de fotografias antigas. Os dois desmanchavam-se a rir com a roupa que se usava na época deles.

A irmã pequenina do Bolachas, a Polly, também sorria, deitada na espreguiçadeira, agitando os seus pequenos punhos cerrados e as suas pernocas gorduchas e rosadas. O Bolachas era um espectáculo com a irmã, colocando a espreguiçadeira em cima da mesa da cozinha para que ela pudesse ver o que estávamos a fazer. Não parava de falar com ela como se fosse uma pessoa a sério, fazendo-lhe cócegas no pescoço e brincando ao «Um dedinho, dois dedinhos...» com os seus dedinhos minúsculos. A Polly guinchava de satisfação, piscando os seus olhitos azuis para o irmão.

Perguntei a mim própria se o Callum alguma vez teria brincado assim comigo. Tinha a certeza de que o Jack nem se aproximava de mim. Os bebés aterrorizam-no.

Eu, em geral, também não sou muito dada a bebés. Educadamente, disse que a Polly era muito fofinha, mas não fui capaz de dizer que era *bonita*, porque ela era demasiado cor-de-rosa e parecida com um leitãozinho e completamente careca.

— Eu tiro-a da cadeirinha e deixo-te pegar nela, se quiseres — ofereceu o Bolachas.

— Nem penses! — disse apressadamente. — Ainda a deixo cair.

A Mamã estava sempre a dizer que eu sou bruta e desajeitada. Já sentia o estômago apertado só de pensar que ia fazer asneira na aula de culinária. Na verdade, peneirei a farinha com demasiado vigor, de modo que parecia que estava a ocorrer uma minitempestade de neve na cozinha, mas o Bolachas apenas se riu. A *mãe dele também se riu!*

O Bolachas ensinou-me a peneirar como deve ser, e depois demonstrou como se fazia a cena do creme. A princípio, a margarina e o açúcar formavam uma bola encaroçada, que acabava por ficar mole e transformar-se realmente em creme. De seguida, o Bolachas iniciou-me naquela que era a melhor parte de fazer um bolo — lamber a tigela!

O avô tentou pagar todos os ingredientes do bolo, mas a Mrs. McVitie nem quis ouvir falar no assunto. O avô prometeu um passeio grátis à família inteira, da próxima vez que o *Mercedes* do trabalho estivesse disponível.

— Não pode é ser este fim-de-semana. Vou levar uma senhorita muito especial numa viagem muito, muito longa até ao Norte — disse ele, piscando-me o olho.

— Vais ver a Alice? — perguntou o Bolachas.

— Vou. Não é maravilhoso? — respondi.

— Bem, suponho que sim. Então este bolo é para ela? — quis saber o Bolachas.

— É para nós partilharmos. É um bolo de aniversário antecipado. Quando sair do forno, ensinas-me a cobri-lo e a enfeitá-lo e a escrever uma mensagem?

— Ensino.

— Quero uma mensagem bastante grande. *Alice e Gemma, Melhores Amigas Para Sempre*. Será que cabe?

— Deve caber.

O Bolachas parecia estar um pouco farto de fazer bolos. Encheu o saco de pasteleiro com creme para eu poder praticar escrevendo em cima de um papel untado, enquanto o bolo cozia. Depois virou-me as costas e pôs-se a brincar com a Polly, fazendo-lhe caretas engraçadas. Ela ria-se toda contente.

Tentei aprender a técnica de escrever com creme de açúcar confeiteiro, mas não era fácil. As partes das letras que faziam laçadas ficavam todas tortas e as redondas acabavam esborratadas.

O Bolachas começou a brincar ao «cu-cu» com a Polly. Cada vez que ele fazia «cu-cu», a minha mão tremia e as palavras ficavam todas mal escritas.

— Caraças! — desabafei. Depois olhei ansiosamente para a Mrs. McVitie.

Ela estava ocupada a lavar a loiça e não me ouviu, graças a Deus.

— Não consigo! — choraminguei.

— Consegues sim — disse o Bolachas. — Continua a praticar.

— Eu *estou* a praticar. Ajuda-me, Bolachas. Segura o saco comigo e mostra-me outra vez como se faz. *Por favor!*

O Bolachas suspirou, mas aproximou-se, colocando as suas grandes mãos em cima das minhas e apertando levemente o saco. Eu deixei-o escolher as palavras e ele escreveu:

A Gemma não tem
jeito nenhum
para enfeitar bolos

— *Okay, okay* — disse eu, lutando para ganhar o controle do saco. — Devolve-mo. Vou tentar outra vez.

Escrevi sozinha, devagarinho, numa letra toda torta:

O Bolachas
é um amigão

O sorriso do Bolachas voltou.

Ele sorriu e sorriu e sorriu.

14

Era muito divertido deslizar pela estrada no *Mercedes*. O avô estava sempre a chamar-me Lady Gemma e a perguntar-me se desejava beber alguma coisa, ou um rebuçado, ou uma manta para pôr em cima dos joelhos. Por volta das seis horas, parámos num café, na auto-estrada. Comemos ambos uma pratada enorme de salsichas, *bacon*, feijões com molho de tomate e batatas fritas. O avô deixou-me esguichar *ketchup* por cima da minha comida. Eu queria escrever

Paparoca boa!

Mas ocupava demasiado espaço, por isso contentei-me apenas com

Mmm!

Quando voltámos à estrada, o avô sintonizou o rádio numa estação de êxitos antigos e cantou-me uma série de canções dos velhos tempos. Contou-me que costumava dançar com a avó ao som dessas cantigas. Eu cantei com ele, mas quando começámos a perder o sinal da transmissão, eu também me fui abaixo.

Enrosquei-me no confortável assento de cabedal, com a cabeça em cima de uma almofada, e enrolada na manta, e dormi profundamente durante horas e horas. Mais tarde, apercebi-me vagamente de que o avô me pegava ao colo, ainda enrolada na manta, como se fosse um bebé grande embrulhado num xaile. Levou-me ao colo para uma casa de luzes apagadas e deitou-me numa cama de armar.

Eu voltei imediatamente a adormecer. Quando acordei já era dia, uma manhã solarenga, e estava num quarto completamente estranho, com o avô a ressonar suavemente na cama grande.

Levantei-me e passeei um pouco pelo quarto. Espreitei pelas cortinas à espera de ver montanhas e lagos, e gado montanhês peludo, e homens com saias escocesas de tecido axadrezado. Fiquei desapontada por ver uma rua perfeitamente normal, de casas cinzentas, com uma loja de vídeo, uma tabacaria e um restaurante chinês de comida para fora, tal como havia no sítio onde morava. Um homem saía da tabacaria com o seu jornal e um pacote de leite, mas vestia calças e nem sequer eram de xadrez.

— Para o que estás a olhar, querida? — resmungou o avô.

— Para a Escócia. Mas não me parece nada diferente — disse eu.

— Espera só até eu te levar até à casa nova da Alice. Fica mesmo no meio do campo.

— Podemos ir já?

— Daqui a pouco. Depois de tomarmos o pequeno-almoço.

Foi um pequeno-almoço escocês consistente, preparado pela Mrs. Campbell, a senhora que geria a pensão. Tomámos o pequeno-almoço numa salinha especial, juntamente com os outros hóspedes. O avô e eu tivemos direito a uma mesinha para duas pessoas. Belisquei a toalha com dois dedos.

— Isto é tecido escocês axadrezado? — perguntei.

— É sim, moça. Suponho que sejam as cores dos Campbell. Eles são um clã muito distinto — principalmente as senhoras — disse o avô, num sotaque escocês muito mal imitado.

A Mrs. Campbell não ficou nada melindrada. Riu-se para o avô e serviu-nos doses reforçadas de papas.

— Quando se está na Escócia, devem comer-se as papas com sal — explicou o avô.

— Ele pode comê-las com sal, fofinha, mas tu podes comer as tuas com açúcar mascavo e natas — disse a Mrs. Campbell, estendendo-me uma tacinha e um pequeno jarro. — Mas deixa algum espaço para os teus fumegantes.

Eu não sabia bem o que eram fumegantes. Estes revelaram ser uns peixinhos deliciosos, a nadar em margarina. A Mrs. Campbell arranjou-me o meu, tirando-lhe as espinhas todas e depois trouxe-nos montes de torradas e um frasco especial de marmelada *Dundee*.

— Estou a gostar da Escócia — disse eu.

— Eu também — disse o avô, dando uma palmadinha no estômago.

— Ei, talvez pudéssemos vir viver para cá também, avô. Só nós os dois. Tu podias ser motorista aqui e eu podia frequentar a escola da Alice. Seria fantástico! Eu podia tratar-te da casa. Estou a transformar-me numa óptima cozinheira. A mãe do Bolachas disse que o meu bolo estava cinco estrelas, não disse? Eu podia fazer-te um bolo todos os dias. Não seria maravilhoso?

— Então e os teus pais, o Callum e o Jack, e aquele cão tresloucado?

— Bem, suponho que sentiria algumas saudades deles, mas prefiro mil vezes estar contigo e ver a Alice.

— Vamos preocupar-nos primeiro com o dia de hoje. Com o estômago cheio não consigo pensar em planos a longo prazo — disse o avô. — Agora, está caladinha durante um bocadinho, enquanto eu dou uma olhada no mapa. Tenho de descobrir o caminho exacto para casa da Alice.

O trajecto demorou mais do que esperávamos, levando-nos para o meio do campo. Tal como o avô tinha prometido, havia montanhas enormes e lagos azuis. Eu olhava fixamente para campo após campo com vacas perfeitamente normais — e, de repente, vi uma criatura estranha, peluda, cor-de-laranja e com chifres.

Gritei, excitada, e o avô deu uma guinada no volante e praguejou.

— Pelo amor de Deus, Gem. O que é que se passa? Quase estampei o carro!

— Uma vaca das regiões montanhosas da Escócia! Olha, avô, é mesmo!

— Que coisa fantástica! — disse o avô sarcasticamente, limpando a testa. Mas depois sorriu-me. — Desculpa, querida. Não tive intenção de ser rezingão. Só que... estou a começar a pensar que talvez a tua mãe tivesse razão. Devo estar a começar a ficar senil. E se a Alice não estiver em casa quando lá chegarmos?

— Ela está em casa, avô, prometo — disse eu, a rebentar de felicidade.

— Como podes ter tanta certeza disso? — perguntou o avô.

— Confia em mim — sosseguei-o.

— Bem, suponhamos que estão em casa, e se os pais dela não te deixarem vê-la? Eles ficaram tão zangados convosco por terem fugido daquela maneira.

— Avô, nem mesmo a tia Karen vai ter coragem de nos mandar dar uma curva ao bilhar grande depois de termos viajado estes malditos quilómetros todos.

— Ei, ei, tens de ter cuidado com essa tua linguagem, minha menina.

— *Okay, okay.* Não fiques tão preocupado, avô. Vai tudo correr maravilhosamente bem.

— Sim, mas e se a Alice não ficar tão contente por te ver como tu gostarias?

Fiquei a olhar para o avô. Era como se ele tivesse começado a falar numa língua estranha. Não estava a fazer sentido nenhum. Talvez estivesse mesmo a ficar um pouco senil.

— É *claro* que a Alice vai ficar contente por me ver — afirmei.

Por fim, encontrámos a aldeia onde eles viviam. Demos duas voltas pela aldeia, pedindo indicações, subindo a travessa errada e virando para a rua errada mas, *finalmente*, percorremos um carreiro longo e coberto de relva, com árvores altas e arbustos de ambos os lados. Fizemos uma curva para uma clareira, e lá estava a casa.

E que casa espectacular! Agora percebia por que é que a tia Karen se tinha mostrado tão entusiasmada. Era um edifício grande, de pedra cinzenta, praticamente um palácio, com muitas janelas, com portinholas de metal, e uma grande porta de madeira, com tachões. Parecia um daqueles casarões nos quais pagamos bilhete para termos visitas guiadas.

— Esta não pode ser a casa da Alice — disse eu.

— C'os diabos! Eles subiram mesmo na vida — exclamou o avô. — Mas deve ser esta a casa deles, porque o carro ali estacionado à entrada é o do pai da Alice.

— Olha para a janela lá de cima! É a *Melissa* que está sentada no parapeito... vês os seus caracóis compridos? — Nisto vi outra cabeça. — E ali está a *Alice*!

Ela olhou pela janela, viu-me a mim e ao avô, cá em baixo, no carro, e desapareceu de vista. Poucos segundos mais tarde, a enorme porta da frente abriu-se e a Alice saiu a correr.

— Gemma!

— Oh, Ali, Ali, Ali! — gritei, saltando do *Mercedes*.

Abraçámo-nos com força e pusemo-nos a andar à roda, rindo e chorando ao mesmo tempo.

— Vocês as duas, realmente! — disse o avô, limpando os seus próprios olhos.

— Já disseste aos teus pais? — perguntei à Alice.

— Disse ao *Papá* — respondeu a Alice.

O tio Bob saiu cá para fora. Estava tão habituada a vê-lo de fato e gravata que quase não o reconheci. Estava vestido de acordo com a sua nova vida no campo, com uma camisa aos quadrados, um grande colete acolchoado, calças de bombazina e botas de borracha. Estava com um ar tão campestre com aquela fatiota verde, que desatei a rir. Felizmente, ele pensou que estava a rir-me de felicidade por ver a Alice. Fez-me uma festa na cabeça e apertou a mão ao avô, dizendo-lhe que era estupendo da parte dele ter viajado tantos quilómetros de carro. Depois olhou, com admiração, para o *Mercedes*.

— Temos carro novo? — disse numa voz fraca.

O avô também estava a rir-se baixinho. — Quis ter um pouco de conforto na minha velhice — respondeu. — Bom, tenho de ir tratar de uma série de coisas. Não se importa que deixe a Gemma convosco e a venha buscar por volta da hora do lanche?

— É claro que não — retorquiu o tio Bob, mas pareceu um pouco nervoso quando a tia Karen começou a chamá-los.

— Alice? Bob? Onde se meteram vocês?

Ela saiu pela porta da frente, vestindo umas calças brancas, muito justas, e uma camisola branca felpuda. Ao ver-me, o seu rosto também ficou branco. — Gemma! Sua grande marota, não *voltaste* a fugir, pois não?

Depois viu o avô e corou. — Desculpe, não queria...

— Ela *é* uma grande marota, todos nós sabemos isso — assentiu o avô, colocando um braço à volta dos meus ombros. — Mas, desta vez, o culpado sou eu. Tive de vir à Escócia em trabalho, por isso trouxe a pequena Gemma comigo. Importa-se que ela fique a brincar com a Alice hoje?

— Bem, na verdade *íamos* sair... — começou a tia Karen.

— Oh, Mamã! Eu tenho de aproveitar todos os *minutos* que posso passar com a Gemma — suplicou a Alice.

— A Gemma promete que se porta como um anjo, não é meu torrãozinho de açúcar? — questionou o avô.

— Pois é, tia Karen, não se preocupe. Portar-me-ei bem.

— Bom, talvez possas ficar para o almoço.

— Oh, Mamã, a Gemma tem de ficar para o lanche também.

— Mas vêm aí os Hamiltons. Não sei se chega... — murmurou a tia Karen.

— Não se preocupe, tia Karen. Eu trouxe um bolo, por isso chega e sobra. Fui eu quem o fiz sozinha... bem, quase. Não foi, avô?

— Foi sim, meu amor. Mas se não for conveniente, talvez seja melhor não ficares — disse o avô, franzindo o sobrolho.

— Não, não, é claro que a Gemma pode ficar. E o senhor também. — A tia Karen inspirou fundo e esboçou um sorriso muito pouco sincero. — Teremos muito gosto. Então, gostariam de ver a casa? É claro que levaremos algum tempo a pô-la exactamente como queremos, mas tenho a certeza de que darão o devido desconto.

O avô viu-se obrigado a fazer esta visita guiada. Limpou cuidadosamente os sapatos ao entrar para o vestíbulo e fez um grande esforço por ser agradável, tecendo comentários sobre as divisões grandes e arejadas, sobre as lindas e fofas carpetes, sobre os espectaculares acessórios de iluminação e sobre as belas paisagens que se viam das janelas. Cada vez que a tia Karen virava o rosto, o avô fazia uma careta cómica e limpava o suor da testa.

A Alice saltitava à frente. — Espera só até veres o meu quarto, Gemma! — não parava de dizer.

Primeiro tivemos de ver o quarto da tia Karen e do tio Bob, e a sua casa de banho privativa. A tia Karen até fez uma demonstração do seu chuveiro de massagem, salpicando-nos um bocado, o que obrigou o avô a limpar os óculos.

— E este é o quarto de hóspedes — disse a tia Karen, abrindo a porta seguinte. Depois mordeu o lábio e voltou a fechá-la. — Ainda não o arranjámos como queríamos. Nem sequer temos uma cama suplente como deve ser — acrescentou ela.

Tenho quase a certeza de que estava a mentir. Apenas queria certificar-se de que não iria ter de nos aturar como hóspedes.

— Agora vou mostrar-vos o quarto da Alice — prosseguiu.

— Já não era sem tempo! — exclamou a Alice, pegando-me na mão e puxando-me para dentro do quarto.

Eu também tinha limpado os sapatos, mas perguntei a mim própria se não os deveria descalçar. A Alice tinha uma alcatifa cor-de-rosa pálido e um tapete cor-de-rosa forte, em forma de rosa, ao lado da cama. Tinha uma capa de edredão nova, branca com rosas cor-de-rosa e cortinas com folhos, a condizer. O seu roupeiro e cómoda eram os mesmos, mas tinham sido pintados de cor-de-rosa para combinarem com o tapete. Tinha uma secretária nova, pintada de cor-de-rosa, em cima da qual estavam dispostos ordenadamente um livro de apontamentos felpudo, um estojo e várias canetas de gel, todos cor-de-rosa.

— É muito... cor-de-rosa — disse eu.

Olhei para a *Melissa*, que estava sentada no parapeito da janela, e o coração começou a bater-me com mais força. — Ela está a usar um vestido cor-de-rosa — comentei.

A Alice sorriu. — Pois está. Não achas que está linda? Foi a Flora quem mo deu. Ela tem uma boneca moderna, de porcelana, chamada *Miss Rosepetal*, e trocámos-lhes os vestidos. Agora a *Melissa* está a condizer com o meu quarto.

Engoli em seco. Olhei para o avô, mas ele estava a elogiar as flores pintadas pela tia Karen, e nem tinha reparado.

A *Melissa* ficava horrível naquele horrendo vestido cheio de folhos. Eu queria ardentemente vê-la novamente vestida com o seu vestido branco, mas achei que não devia armar confusão. Não agora que estava a comportar-me bem.

A Alice não pareceu aperceber-se de que eu me importava tanto com o vestido da *Melissa*, o que também era estranho, porque nós sabíamos sempre exactamente o que a outra estava a pensar. Feliz da vida, mostrou-me todos os seus tesouros novos, elegantes e cor-de-rosa. Até tinha um robe cor-de-rosa, novo, e uma camisa de dormir cor-de-rosa com alças de pessoa crescida.

— Visto-a e finjo que é um vestido de noite e brinco às estrelas *pop* — disse a Alice. — Não é linda? É super *sexy!* — e segurou-a à sua frente, rodopiando, executando uma dança ridícula em que contorcia o corpo.

— Não, isto é que é super *sexy* — adiantei eu, cambaleando de um lado para o outro em pontas de pés, fingindo ser uma bailarina da dança do ventre que, um dia, vira na televisão, antes da Mamã se ter apressado a desligá-la.

— Gemma, a que é que estás a brincar, Gemma? — perguntou a tia Karen.

— Então, então, Gem — avisou o avô. — Pensei que ias portar-te bem. Não faltes ao prometido, senão a tia Karen não te deixa ficar a brincar com a Alice.

— Não, não, é claro que ela pode ficar. Até à hora do lanche. Não... até depois do lanche, é claro. Será um prazer... para a Alice.

O avô disse que precisava de ir embora, pois tinha montes de coisas para fazer. Dei-lhe um grande abraço mas, de repente, tive a estranha sensação de que não queria que ele me deixasse ali. Não sabia o que se passava comigo. Poder estar com a Alice significava mais do que qualquer outra coisa do mundo para mim e, no entanto, já não tinha tanta certeza de que a conhecia. Era como se *ela* tivesse sido pintada de cor-de-rosa forte e lhe tivessem posto um vestido de folhos.

O avô foi buscar o bolo ao carro e entregou a caixa à tia Karen. Ela ficou no rés-do-chão, na cozinha, a preparar as coisas para o lanche. O tio Bob assobiava lá fora, no jardim. Eu e a Alice ficámos sozinhas.

Olhei para ela. Ela olhou para mim.

— Então... gostas do meu quarto? — perguntou ela.

— Gosto. É lindo — respondi eu.

Sentei-me cuidadosamente aos pés da sua cama. A Alice sentou-se ao meu lado.

— E gostas das minhas coisas novas?

— É tudo muito bonito. Mas é horrível teres ficado sem o Winnie the Pooh!

— Ah, ele estava tão velho e puído. Gosto *muito mais* da minha ursinha bailarina. Vou ter montanhas de coisas novas. A Mamã diz que talvez até possa ter uma televisão só para mim.

— Uma televisão felpuda e cor-de-rosa? — perguntei eu.

— Acho que não há nenhuma assim — respondeu a Alice, levando-me a sério.

— Por que é que não pedes o teu próprio computador? Assim podíamos trocar *e-mails* directamente, sem termos de meter aquela tal Flora ao barulho.

— A Flora não se importa. Ela tem sido uma querida em relação a isso — comentou a Alice. — Vais conhecê-la esta tarde, Gemma. Ela vem cá lanchar com os pais.

— Mas... mas tu sabias que *eu* vinha cá — protestei.

— Pois é, mas a minha mãe convidou-os, sabes? Vais *gostar* da Flora, ela é espectacular.

— Pensei que eu e tu íamos poder fazer uma espécie de lanche de aniversário.

— Mas ainda faltam várias semanas para o nosso aniversário.

— Mesmo assim, fiz um bolo para podermos fazer o nosso desejo de aniversário.

— Um bolo a sério?

— Sim. Espera até o veres.

— Gem, tu não sabes cozinhar.

— Sei sim. O Bolachas ajudou-me.

— Yuchhh! Não quero nenhum bolo feito pelo Bolachas.

— Ele cozinha muito bem. Vê sempre o *Fat Larry*. Estamos a fazer um trabalho sobre ele na escola.

— Que trabalho mais estranho! Ei, queres ver o trabalho que eu e a Flora estamos a fazer sobre os egípcios? Ela escreveu o texto quase todo e eu fiz os desenhos. Os antigos egípcios desenham-se de lado e eu tenho jeito para desenhar narizes.

— Achas que os antigos egípcios andavam de lado na vida real? — perguntei, levantando-me com um salto e exemplificando.

— Não sejas parva, Gem. Olha, vem ver o meu desenho de uma múmia egípcia. Levei *séculos* a fazer os hieróglifos. Usei um lápis dourado especial para fazer os contornos, para indicar que é a múmia de uma pessoa especial e de sangue real.

— É um homem ou uma mulher?

— Nem sempre se consegue distinguir. Parece que tanto os homens como as mulheres usavam maquilhagem preta nos olhos.

— Talvez seja uma múmia decorativa. Quando a abrimos, encontramos outra múmia ornamentada no seu interior, e depois outra e outra e outra — sabes, como aquelas bonecas russas, de madeira — até, finalmente, encontrarmos uma minúscula múmia de bebé, e os seus *hieroqualquercoisa* são desenhos de coelhinhos, cegonhas e patinhos fofinhos.

— Oh, Gemma! — disse a Alice, mas desatou a rir.

— Olha, também desenhei uma múmia de gato. Tu falaste-me deles. Ficam com um ar tão estranho, todos esticados daquela maneira. Gostava de saber se eles transformavam outros animais em múmias. Imagina uma múmia de vaca! Teriam uma trabalheira para lhe esborracharem as pernas para as porem naquela posição. Seria uma coisa muito estranha: um pescoço comprido e prensado e depois uma cabeça com chifres. Ei, e imagina só como seria uma múmia de *girafa*... teria pescoço até nunca mais acabar!

— Não creio que haja girafas no Egipto — disse a Alice, que agora estava perdida de riso.

Enrolei-me no seu edredão e pus a cabeça de fora, arregalando os olhos e fingindo ser uma múmia de girafa. A Alice riu-se tanto que teve de se deitar em cima da cama.

— Oh, Gemma, tenho sentido tanto a tua falta! És tão *divertida*.

Divertimo-nos imenso no quarto da Alice, durante a manhã toda. Era como se todo aquele cor-de-rosa tivesse desaparecido e estivéssemos de volta ao seu antigo quarto.

Voltei a ficar um pouco tensa quando a tia Karen nos chamou para o almoço. Consigo sempre derramar mais coisas do que o costume quando estou ansiosa. Mas não foi um almoço formal de-faca-e-garfo-e-senta-te-direita-à-mesa. A mãe da Alice tinha-nos preparado cachorros quentes com batatas fritas e salada, servidos em pratos de plástico, de piquenique. A tia Karen só comeu salada.

— Não gosta de cachorros quentes, tia Karen? — perguntei.

— Prefiro a salada — respondeu a tia Karen, embora não parecesse estar propriamente a deliciar-se com a sua cenoura ralada e alface.

— Ela anda a fazer uma dieta estúpida — esclareceu o tio Bob. — Embora não consiga imaginar por que razão queres perder peso. Para mim estás óptima. — E deu-lhe uma palmada a brincar, no traseiro grande e branco.

— Bob, pára com isso! — ralhou a tia Karen, embora não parecesse nada zangada com a brincadeira.

O tio Bob fez uma careta a mim e à Alice e nós rimo-nos.

A tia Karen tinha um *ketchup* especial, de esguichar, para pormos nos cachorros quentes. Era uma tentação. Escrevi *Gemma* em letras vermelho-vivo, em cima do meu cachorro quente e a Alice tentou escrever *Alice* no dela, mas a sua letra ficou muito mais torta.

— Como é que consegues fazer isso tão bem, Gem?

— Tenho andado a praticar. Espera até veres o nosso bolo à hora do lanche — disse eu, abraçando-me a mim própria.

Quem me dera ter pedido naquela altura para fazermos logo o nosso lanche especial de aniversário! Mas a tia Karen deu-nos gelado de baunilha com *chantilly*, nozes e cerejas enlatadas. A Alice e eu contámos os nossos caroços de cereja.

— Latoeiro, alfaiate, soldado, marinheiro, homem rico — que bom, que bom — disse a Alice. Escondeu o seu último caroço de cereja debaixo do prato porque não queria que lhe calhasse o homem pobre.

— Com quem é que vais casar-te, Gemma? Oh, coitada... com o *pedinte!*

— Acho que até pode ser divertido casar com um pedinte e ser uma pedinte. Podíamos ter um daqueles cães pedintes escanzelado e vender pensos rápidos e isqueiros. — Peguei num cachorro quente que tinha sobrado e pus-me a cantarolar, fingindo que estava a tocar gaita de beiços.

Esqueci-me completamente do *ketchup*.

— Gemma! Parece que tens batom esborratado à volta da boca — disse a Alice, tentando limpar-me com o seu guardanapo.

— Ei, se calhar é sangue e eu sou um vampiro e tu estavas com um ar tão tentador que te dei uma dentadinha no pescoço, branco como um lírio — disse eu, arreganhando os dentes e balançando a cabeça na sua direcção.

A Alice guinchou.

O tio Bob riu-se.

A tia Karen franziu o sobrolho. — À mesa não, Gemma — ralhou.

Ela não parava de mexer e contorcer a boca porque tinha uma tira de cenoura presa no dente e estava a tentar soltá-la com a língua. A minha própria língua ansiava por imitá-la, mas sabia perfeitamente que a tia Karen já estava pelos cabelos comigo. Atrevi-me a torcer uma vez a língua, quando a tia Karen foi ao frigorífico buscar uma água com gás.

A Alice estava a beber um grande gole de *Coca-Cola*. Engasgou-se violentamente e a *Coca-Cola* saiu-lhe pelo nariz como se fosse o esguicho de um repuxo.

— Gemma! — exclamou a tia Karen, sem se virar para trás.

— Não foi a Gemma! — corrigiu o tio Bob, dando palmadas nas costas da Alice.

— Oh, Alice! Já sujaste a tua *T-shirt* da *DKNY.* Vais ter de mudar de roupa porque vêm aí os Hamiltons.

Eu franzi o sobrolho, limpando distraidamente os meus dedos vermelhos de *ketchup* na minha vulgar *T-shirt* da *GAP*.

Quem me dera que os Hamiltons não tivessem sido convidados! Acima de tudo, quem me dera que a Flora não viesse!

15

O coração caiu-me aos pés quando vi a Flora. Ela era exactamente como a tinha imaginado e ainda mais. Tinha cabelo comprido, loiro e ondulado, que lhe caía suavemente para além dos ombros, olhos azuis e grandes, e pele pálida e suave como pétalas de rosas. Era delicadamente magra, com um pescoço fino e cotovelos pontiagudos, mas as suas pernas longas tinham gémeos bem feitos, de bailarina. Não trazia vestido nada de especial, apenas uma *T-shirt* e calções, mas a *T-shirt* era suficientemente curta para mostrar a sua barriga espalmada e os calções eram daqueles que se usariam para ir a uma discoteca e não daqueles largos que fazem o traseiro parecer descaído.

— Gemma, esta é a Flora — apresentou a Alice, pronunciando o nome como se fosse muito especial. A Alice olhava para a Flora como se esta fosse uma princesa e ela a sua criadinha.

A tia Karen estava a dar semelhante atenção à mãe da Flora, que era exactamente como a filha, só que em plena flor da idade. O tio Bob também não tirava os olhos dela. A senhora usava umas calças brancas, muito semelhantes às da tia Karen, mas o efeito era muito diferente. O tio Bob estava com ar de quem ansiava dar-lhe também uma palmada no traseiro.

Com esforço, lá conseguiu desviar os olhos o suficiente para se dirigir ao pai da Flora e oferecer-lhe uma cerveja. Irritada, a tia Karen estalou a língua e disse que tinha feito um jarro de *Pimm's* para todos. Eu não sabia o que era esse tal *Pimm's*, mas tinha um aspecto muito bonito, parecido com limonada escura, com muitos pedaços de fruta e folhas de menta a boiarem como pequenos barcos.

Tinha a garganta muito seca. Engoli em seco, cheia de esperança, apesar de só estarem quatro copos junto ao jarro. Era um jarro muito *grande*. Observei a tia Karen a servir a bebida cuidadosamente. Só gastou metade da estranha limonada.

— Tia Karen, posso beber também um bocadinho de *Pimm's*, por favor? — perguntei, tendo o cuidado de falar com toda a educação.

A tia Karen suspirou como se eu estivesse a ser propositadamente atrevida. — Não sejas ridícula, Gemma — respondeu.

A tia Karen levantou as sobrancelhas, enquanto olhava para a mãe da Flora. A Flora deu uma risadinha abafada e desdenhosa.

— Não vejo qual é a graça — ripostei.

— O *Pimm's* é *alcoólico*. Toda a gente sabe isso — anunciou a Flora, espetando o cotovelo nas costelas da Alice. A Alice riu-se.

— É claro que eu sei que o *Pimm's* tem um bocadinho de álcool — retorqui, espetando o queixo no ar. — Acontece que eu tenho *autorização* para beber álcool.

— Como se a tua mãe permitisse semelhante coisa! — exclamou a tia Karen.

— Eu não estava a falar na minha mãe. Bebo muitas vezes cerveja com o meu avô — esclareci.

Eu não estava propriamente a mentir com todos os dentes que tinha na boca. Uma vez, o avô deixara-me dar um gole da sua lata de cerveja, só para eu provar. Para dizer a verdade, achei que tinha um sabor *horrível.*

O tio Bob desatou à gargalhada. — És um ponto, Gemma — disse.

— Ponto é apelido — acrescentou a tia Karen. — Eu fiz um jarro de limonada natural para vocês as três. Levem-na para o fundo do jardim e deixem-nos em paz. Flora, leva tu o tabuleiro. Sei que terás cuidado.

Fomos até ao jardim em procissão, a Flora à frente, transportando o tabuleiro de copos tilintantes, a Alice atrás dela, segurando cuidadosamente o jarro junto ao peito, e eu no final, de mãos vazias, já que ninguém me confiou nada, não fosse eu fazer cacos.

O fundo do jardim prometia. Havia tantos arbustos que, sentadas no mobiliário verde de jardim, ficávamos quase escondidas da vista dos adultos. A relva crescia em tufos em torno dos nossos tornozelos e, à nossa volta, cresciam umas flores grandes e brancas que eram mais altas que a nossa cabeça.

— Podíamos brincar às selvas, Alice — disse eu toda excitada.

— *Brincar* às selvas? — perguntou a Flora.

— A Gemma tem imenso jeito para jogos de faz-de-conta — adiantou a Alice depressa.

A Flora bateu as pálpebras dos seus olhos azuis de uma maneira tola, para expressar espanto. — Há anos que não faço jogos de faz-de-conta! — disse. — Mas és a convidada da Alice, por isso suponho que seja de bom tom fazer-te a vontade.

— Eu não sou a *convidada* da Alice, sou a melhor amiga dela — disse eu, com veemência.

— Vamos beber a nossa limonada — sugeriu a Alice. — Estás com ar de quem está cheia de calor, Gem.

Eu estava positivamente a arder. Podia ter bebido um lago inteiro de limonada e ficar ainda a ferver. Este era o único dia que eu tinha para passar com a Alice. Por que é que a Flora havia de se intrometer e estragar tudo? Assim não podíamos brincar como deve ser. A única coisa que a Flora parecia querer fazer era conversar.

Ela falou do seu trabalho sobre os egípcios e de como encontrara um montão de coisas na Internet e imprimira tudo. A Alice disse que ela era muito inteligente. Eu afirmei que não era preciso inteligência para imprimir dados e tentei transmitir-lhes montes de informações sobre os egípcios, mas elas desistiram de me ouvir.

A Flora falou sobre o *ballet* e disse que tinha sido escolhida para fazer um *solo* no espectáculo do final do trimestre. A Alice confirmou que ela era uma bailarina fantástica. Eu disse que o *ballet* era uma parvoíce e que achava a dança moderna muito mais divertida. Tentei fazer piruetas e sapateado, mas tropecei e a Flora começou a rir. A Alice também se riu.

A Flora falou das suas aulas de equitação e do seu pónei, o *Noz-Moscada*. A Alice disse que ela era uma sortuda e que estava ansiosa por ter também o seu próprio pónei. Eu declarei que ia ter um pónei branco chamado *Diamante*. Mal a Flora abriu a boca para falar, eu afirmei que sabia que eles eram chamados de ruços, mas que o meu *Diamante* era branco como a neve. — Não é, Alice?

— Ela não tem *realmente* um pónei, pois não? — perguntou a Flora.

— Bem... — disse a Alice.

Não disse que não. Nem precisava de dizer.

— Ah, entendo... é um pónei de *faz-de-conta* — disse a Flora, e começou a estalar a língua e a fingir que galopava. Ela nunca me vira fingir que estava a montar o *Diamante*, mas conseguia imitar-me na perfeição. — Relincho! — resfolegou a Flora, sacudindo a cabeça para tentar fazer a Alice rir-se de mim outra vez.

A Alice baixou a cabeça. Depois arrancou uma mão-cheia de relva comprida e começou a entrançar algumas das folhas. O cabelo caía-lhe para o rosto, por isso não conseguíamos ver se se estava a rir ou não. Observei os seus delicados dedinhos a entrançar a relva.

— O que é que estás a fazer? — perguntou a Flora.

Eu sabia o que ela estava a fazer.

— Estou só a fazer uma pulseira de erva — respondeu a Alice.

Não era uma pulseira qualquer. Era uma pulseira da amizade. Sustive a respiração enquanto ela acabava de entrançar. De seguida, levantou a cabeça, sorriu para mim, colocou-me a pulseira no pulso e atou as pontas. Eu dei-lhe a mão e apertámos os polegares uma da outra.

— Olha que fixe. Faz-me uma também! — exigiu a Flora.

Obediente, a Alice fez-lhe também uma pulseira. Esta ficou maior e mais bem feita, porque ela usou erva mais comprida e dividiu melhor as folhas, mas não me importei. Eu tinha a *primeira* pulseira. A verdadeira pulseira da amizade.

— Vamos pôr todas as tuas jóias, Alice — alvitrou a Flora. — Posso usar a pulseira de prata com os berloques?

O que é que *ela* sabia das jóias da Alice? E como se atrevia a pensar que podia usar a *minha* pulseira de berloques preferida, aquela que tinha a pequenina Arca de Noé em prata? Senti-me como se as minúsculas girafas, elefantes e tigres me estivessem a morder com os seus dentinhos afiados como agulhas.

Já no quarto, no primeiro andar, a Alice pareceu perturbada. Abriu a caixa das jóias e ficou a olhar para a bailarina a rodopiar. Passou os dedos por todos os seus tesouros, pelo coração de ouro pendurado no fio, pela pequenina pulseira de bebé, pela bracelete de jade, pelo medalhão de prata e pelo alfinete de peito com brilhantes, em forma de cão. Tentou colocar todos os anéis que tinha num só dedo; o anel russo, de ouro entrançado, o anel de granadas e todos os anéis de bijutaria que lhe tinham saído no bolo-rei. Não tocou na pulseira de prata com berloques.

A Flora esticou a mão e agarrou-a. — Simplesmente adoro esta pulseirinha — disse, fazendo chocalhar cada um dos berloques. — Gosto principalmente da Arca de Noé. Há animais minúsculos lá dentro, olha, Gemma.

— Eu sei — declarei. — Também é a minha preferida. *Eu* é que a uso sempre quando brincamos com as jóias.

— Eu pedi primeiro — disse a Flora.

A Alice olhou para mim, impotente.

— Está bem. Usa-a tu, Flora — condescendi, encolhendo os ombros.

Decidi não me importar muito com isso. O importante é que a Alice fizera a primeira pulseira da amizade para mim. Ia usá-la para sempre.

A Alice e a Flora enfeitaram-se com as jóias todas.

— Queres vestir a minha camisa de dormir cor-de-rosa e fingir que é um vestido de noite, Gemma? — ofereceu a Alice.

— Não, obrigada. Sabes que eu odeio cor-de-rosa — respondi. De repente, apercebi-me de como isso soava no meio do quarto intensamente cor-de-rosa da Alice. — Quero dizer... odeio *roupas* cor-de-rosa — corrigi. — É uma cor perfeita para mobílias, cortinas e paredes, mas não engraço muito com *vestidos* cor-de-rosa.

Dirigi-me ao parapeito da janela e peguei na *Melissa*. — E ela também não gosta — acrescentei, desabotoando aqueles folhos de cetim cor-de-rosa.

— Tem cuidado com a *Rosebud*[7]. É uma valiosa boneca antiga — disse a Flora.

— Eu *sei* que é. E que parvoíce é essa de *Rosebud*? Ela chama-se *Melissa*.

— Pois chama, mas esse nome é horrível. *Rosebud* é muito mais bonito e condiz com o seu vestido cor-de-rosa. Fui eu quem lho deu — esclareceu a Flora.

— E fui *eu* quem deu a *Melissa* à Alice — contra-ataquei, libertando a *Melissa* do vestido de folhos cor-de-rosa e deixando-o cair na alcatifa. Ela parecia muito mais feliz com os calções compridos e a saia, tudo branco.

---

[7] Botão de Rosa. (*NT*)

— Não podes ter-lhe comprado uma boneca antiga — disse a Flora. — A Alice contou-me que tu e a tua família são muito pobres.

As faces da Alice ficaram da cor do vestido cor-de-rosa.

— Não foi bem isso que eu disse, Flora. E é *verdade* que foi a Gemma quem me deu a boneca. Só que eu ainda estou a sentir-me mal por causa disso. Quere-la de volta, Gemma?

Lutei com os meus sentimentos, abraçando a *Melissa* contra o peito. Era quase como se estivesse a abraçar a minha avó. — Não. Podes ficar tu com ela. Só quero que me prometas que ela pode continuar a ser a *Melissa*. Ela odeia o nome *Rosebud*.

— É uma boneca, Gemma. Ela não pensa — troçou a Flora.

Isso pensava ela. Os olhos escuros, de vidro, da *Melissa* fitavam a Flora cheios de ódio. Eu também a odiava.

Então, a tia Karen chamou-nos para nos informar que o lanche estava pronto. Tinha posto tudo na mesa do jardim, com uma toalha aos quadrados amarelos e verdes e guardanapos a condizer. A própria comida era amarela e verde: sandes de pepino, fatias douradas de *quiche* e *pizza*, uma salada verde, uma tarte de limão e um *cheesecake*.

Olhei ansiosamente em volta. — Onde está o *meu* bolo, tia Karen?

— Ah, é verdade. Desculpa, querida. Esqueci-me dele — respondeu a tia Karen. — Mas a mesa está um pouco cheia agora. Talvez devêssemos guardá-lo para mais tarde.

— Mas eu não estarei cá mais tarde — retorqui. — O avô vem buscar-me daqui a pouco. *Por favor*, vamos comer o meu bolo agora. Arranjamos espaço para ele num instante. — Tentei prová-lo, mudando os pratos de sítio.

— Está bem, está bem, *tem cuidado*! Eu faço isso, Gemma — assustou-se a tia Karen.

Entrou na cozinha e trouxe de lá o meu bolo, em cima de um prato branco. A cobertura era rica em chocolate e resplandecia, e a mensagem, cuidadosamente escrita e rodeada de pequenas rosetas, dizia *Alice e Gemma*.

— Oh, Gemma! — disse a Alice. — Que bolo maravilhoso!

— Meu Deus! — exclamou a tia Karen. — Não me digas que foste tu que o fizeste, Gemma!

— Tem um ar delicioso — acrescentou o tio Bob, dirigindo-me um sorriso encorajador. — Acho que vou cortar uma enorme fatia para mim.

— Não! Por favor! A Alice e eu temos de o cortar juntas — exclamei, apressando-me a detê-lo.

A tia Karen suspirou. — De *quem* é esta festinha, Gemma? — perguntou, levantando novamente as sobrancelhas para a mãe da Flora.

— Por favor, Mamã, podemos cortar o bolo? — pediu a Alice.

— Está bem, pronto. Podem cortar vocês o bolo — concordou a tia Karen. — Talvez assim possamos lanchar em paz e sossego.

A tia Karen pegou na faca do bolo... e entregou-a à *Flora!*

— A Flora não! — exclamei eu. — Só eu e a Alice.

Suponho que estava a agir como uma miúda mimada e mal-educada, mas não o pude evitar. A tia Karen lançou-me um olhar furioso.

— Agora estás a ir longe demais, Gemma. Flora, podes cortar o bolo, querida.

— Não! Não está a entender. Este bolo é para a Alice e eu podermos fazer um desejo especial — gritei eu, desesperada, abrindo caminho à cotovelada para me aproximar do meu precioso bolo.

A Flora ainda tinha a faca do bolo na mão e sorriu para mim. — Primeiro vou *eu* fazer o meu desejo especial — declarou ela, espetando a faca na cobertura cremosa de chocolate.

Aquilo foi demais para mim. Estiquei as mãos e agarrei no prato.

— Não! Gemma! Não! — gritou a Alice.

Não consegui controlar-me. Peguei no bolo e esborrachei-o na cara convencida e cor-de-rosa da Flora.

16

— Entra no carro — pediu o avô. — 'Cos diabos, Gem, tu não fazes a coisa por menos! Agora é que estragaste mesmo tudo. Estragaste mesmo.

Eu sabia disso. Sabia que a tia Karen me apunhalaria com a faca do bolo se algum dia eu lhe aparecesse à porta outra vez. Sabia que agora a Flora não ia deixar que eu enviasse mais *e-mails* à Alice. Sabia que não podia continuar a ser a melhor amiga da Alice. Portara-me como uma louca e agora o mais certo era ela considerar-me a sua pior inimiga.

Nesse preciso momento ela tentava limpar a Flora. Estava ainda a tirar-lhe creme das sobrancelhas e pedaços de bolo de chocolate do cabelo loiro e comprido.

— A Alice nunca mais vai querer ver-me — chorei.

— Acho que estás enganada — disse o avô, olhando para trás.

A Alice estava a sair de casa, correndo na nossa direcção, com a *Melissa* nos braços. A tia Karen gritava furiosamente o seu nome, mas ela não lhe ligava nenhuma.

— Toma, Gem — disse ela, ofegante, atirando-me a *Melissa* pela janela do carro. — Devolvo-ta. Ela é tua. *Eu* nunca lhe chamei *Rosebud*. Só a Flora é que a tratava assim.

— Al, desculpa ter atirado o bolo à Flora, mas era o *nosso* bolo e o *nosso* desejo.

— Eu sei. Ela estava mesmo a pedi-las. Oh, Gem, a cara dela! — De repente, a Alice desatou à gargalhada e eu também.

A tia Karen começou a correr na direcção do carro, aos gritos.

— Oh-oh. É melhor irmos andando, Gem — sugeriu o avô.

Inclinei-me para fora da janela e dei à Alice um último abraço.

— Ainda somos melhores amigas? — perguntei, enquanto o avô arrancava.

— É claro que somos — gritou a Alice por cima do ombro, enquanto a tia Karen a arrastava de volta para casa.

Voltei a sentar-me, ainda a rir.

— És uma menina muito, muito má. Não tem piada nenhuma — ralhou o avô severamente.

— Eu sei — concordei eu, abraçando a *Melissa* com força, enterrando o nariz no seu cabelo macio e sedoso.

Depois parei de rir e desatei a chorar.

— Oh, Gemma! Vá lá, querida. Não queria fazer-te chorar — disse o avô, dando-me palmadinhas no joelho.

— *Eu* é que estou a fazer-me chorar a mim própria, avô. Tu foste um amor ao teres tornado possível esta viagem. Eu é que estraguei tudo. Estrago sempre. Parece que não consigo evitá-lo. E, apesar de eu e a Alice ainda sermos melhores amigas, agora é que nunca mais vamos poder ver-nos. O que é que eu vou *fazer*? — E comecei a chorar ainda mais. — Ela também é a melhor amiga da Flora.

— O quê, da Cara de Bolo?

Ronquei de riso por entre os soluços.

— Não que isto seja motivo para risos — avisou o avô. — Se a tua mãe souber, dá cabo de ti, minha jovem.

— Não vais contar-lhe, pois não, avô?

— Por quem me tomas? — protestou o avô. — Não sou nenhum traidor. Agora escuta-me, querida. Talvez a Alice tenha razão. Continuarás a ser a sua melhor amiga do mundo, mas ela tem o conforto de ter a Flora Cara-de-Bolo como amiga do dia-a-dia. Se calhar devias dar graças a Deus por teres também um amigo de todos os dias.

Olhei para o avô e pestanejei. — Quem?

O avô abanou a cabeça. — Quem é que achas? Vá lá, Gemma, com quem é que te divertes mais?

Eu sabia a quem o avô se referia, mas não estava com disposição para divertimentos.

Voltámos cedo para a pensão para descansarmos bastante e termos forças para enfrentarmos a longa viagem de regresso a casa, no dia seguinte. Eu passei uma noite horrível.

O avô teve uma conversa muito séria comigo antes de irmos buscar a Mrs. Cholmondly. Era um nome muito engraçado. Escrevia-se Chol-mond-ly mas, por algum motivo esquisito, pronunciava-se Chumly.

— Tens de te portar impecavelmente com a Mrs. C. — disse o avô. — Basta uma reclamação da parte dela para eu perder o emprego. A Mrs. C. é uma velhota infeliz. Magoou o joelho, por isso deve estar com muitas dores e deve estar irritadiça e preocupada. Ela pode mostrar-se um pouco brusca e rabugenta connosco. Não lhe dês nenhuma resposta torta. Tens de tentar ser compreensiva. No fundo, és uma menina com bom coração. Sei que vais esforçar-te ao máximo.

O avô estava com um ar tão preocupado que lhe pus os braços à volta do pescoço.

— Não te aflijas, avô. És um homem grande com muito bom coração por me teres trazido nesta viagem tão longa, apesar de eu ter estragado tudo. Juro que serei boazinha para a Mrs. Chummy--seja-lá-o-que-for. O teu emprego está seguro, prometo.

Tive vontade de dizer asneiras durante toda a viagem. A Mrs. Cholmondly não era nada simpática.

No dia seguinte, o avô foi buscá-la às nove horas em ponto, mas ela cumprimentou-o com um: «Até que enfim! Estou farta de esperar. Não começa nada bem. Vamos lá então, agora que aqui está, despache-se. Tenho bastante bagagem.» Quando parou para respirar, viu-me, de pé, junto ao carro.

— Desaparece, menina, desaparece! — disse, agitando furiosamente a muleta na minha direcção. — Não te atrevas a riscar esse carro tão brilhante.

— Não se preocupe, minha senhora — apressou-se o avô a dizer. — Ela é minha neta e vai connosco.

A Mrs. Cholmondly bateu com a outra muleta no chão, quase perdendo o equilíbrio e obrigando o avô a segurá-la. Ela sacudiu-o furiosamente.

— Comigo é que ela não vai. Não estou a pagar uma exorbitância para o senhor dar boleias à borla a metade da sua família.

Olhei ansiosamente para o avô. E *agora?* O que é que íamos fazer? Se calhar ele devia ter-me escondido na bagageira, já que esta Velha Bruxa estava a revelar-se tão intratável.

Mas o avô sabia ser o Sr. Falinhas Mansas quando queria.

— Trouxe a Gemma de propósito, minha senhora. Achei que ela poderia ser-lhe útil. Calculei que iríamos fazer várias paragens pelo caminho. Ela pode ir buscar coisas para si e acompanhá-la aos lavabos. Ela veio apenas para a ajudar e para tornar esta viagem o mais confortável possível para si.

O avô sorriu para a Mrs. Cholmondly. As suas faces cheias de pó-de-arroz e os seus lábios sisudos contraíram-se ligeiramente, como se estivesse a pensar se havia de retribuir o sorriso. Não chegou a fazê-lo, mas chamou-me para o seu lado com um movimento imperioso da muleta.

— Vamos lá então, criatura. Faz-te útil e dá-me o braço. Podes ajudar-me a entrar no carro, mas tens de ter muito cuidado para não tocares no meu pobre joelho, pois tenho dores excruciantes.

No final da viagem a minha vontade era arrancar-lhe a perna completamente. Rezingava, gemia e reclamava *sem parar*. Ocupava quase todo o espaço no enorme banco de trás, pelo que eu ia praticamente esmagada contra a janela, quase sem me poder mexer mas, mesmo assim, ela cutucava-me para se certificar que eu arranjava mais espaço para o seu joelho magoado. Eu estava a arranjar espaço para os joelhos de cem elefantes, mas ouviram-me protestar?

Não dei um único queixume quando ela tirou os deselegantes sapatos pretos, à velha e com botões, e abanou os seus horríveis pés de velha, com joanetes, mesmo em frente da minha cara. Sempre que parávamos numa estação de serviço, tinha de ajudá-la a enfiar outra vez os pés deformados nos sapatos, e depois tinha de executar a tarefa mais horrível de todas — ajudar a Mrs. Cholmondly a entrar e a sair da casa de banho.

— Ah, que linda menina, a ajudar a avozinha — elogiou uma senhora.

Eu estava era com ganas de enfiar a «avozinha» de cabeça para baixo na sanita e puxar o autoclismo. Em vez disso, esbocei um sorriso amarelo.

Seguimos viagem, quilómetro após quilómetro. Parámos em *imensas* estações de serviço porque a Mrs. Cholmondly parecia ter uma bexiga do tamanho de uma ervilha. Tomámos várias refeições, com a Mrs. Cholmondly sempre a reclamar da qualidade da comida e a entornar sopa na sua enorme peitaça. Obrigou-me a ir a correr buscar guardanapos de papel e a ajudá-la a limpar-se. *Mesmo assim*, não me queixei.

— O gato comeu-te a língua? — perguntou a Mrs. Cholmondly. — Não és uma criança muito faladora. Eu gosto de crianças com um pouco de genica.

— Ah, a nossa Gemma não é nada assim. Ela é uma criaturinha tímida, um anjinho — disse o avô. Dito isto, teve um ataque de tosse. Desconfio que estava a rir-se.

Quando finalmente despejámos aquela horrível megera em casa da desgraçada da filha, ela remexeu o interior da carteira em busca do porta-moedas.

— Toma lá, miúda. Isto é pela tua ajuda durante a viagem — disse, estendendo a mão.

Meteu-me vinte *pence* na mão. O custo de apenas uma daquelas tão temidas idas à casa de banho!

— Deixa lá, pequerrucha. Ela a mim não me deu nada — disse o avô. — Bem, Gem, acho que os dois aprendemos muito nesta viagem. E durante o regresso descobri uma coisa. Não tenho a certeza de gostar quando te portas bem. És muito mais divertida quando te portas mal.

O avô não contou nada à Mamã sobre o Incidente do Bolo, mas ela apercebeu-se de que a viagem não fora totalmente bem-sucedida. A Mamã, o Papá, o Callum e o Jack tiveram muito tacto e não me fizeram perguntas embaraçosas. Até o *Doido Varrido* foi a personificação do tacto canino, dando voltas e voltas solidárias ao meu redor.

A abordagem do Bolachas foi mais directa. Correu direito a mim logo que cheguei à escola, na segunda-feira.

— Então como é que correu, Gemma? A Alice gostou do bolo? Estava bom?

— Não sei — respondi. — Estava morta por prová-lo, mas isso implicava ter de lamber a cara da Flora e a ideia não me agradou.

O Bolachas pestanejou. — Quem é a Flora? O bolo era da Alice.

— Exactamente. Só que essa tal Flora pegou na faca do bolo e agiu como se fosse dela, por isso enfiei-lhe a cabeça dentro dele.

O Bolachas ficou de boca aberta. — És tão *mazinha*, Gemma!

— Não o faço por querer, só que acontece... E é uma estupidez porque eu estrago sempre tudo. A Alice e eu acabámos por não fazer o nosso desejo de aniversário, portanto não faço ideia como é que vamos conseguir continuar a ser melhores amigas.

— Podem sim. Eu e o Tim somos grandes amigos e, no entanto, só nos vemos nas férias.

— A mãe da Alice jamais me deixaria ir de férias com eles.

— Aposto como a mãe dessa tal Flora também não ia gostar muito da ideia! Tu és uma rapariga assustadora.

— Bolachas... tu não tens medo de mim, pois não?

— Ai tenho sim. Olha, estou a tremer de medo — afirmou o Bolachas agitando o corpo. — Tu até me seguiste para dentro da casa de banho dos rapazes para me bateres!

— Eu não tencionava mesmo bater-te. Bem, *acho* que não tencionava. Só estava um pouco zangada na altura.

— Tu estás *sempre* um pouco zangada. Mas não faz mal. Ninguém é perfeito.

— Mas tu imitas muito bem. Como é que consegues ser sempre tão *simpático*, Bolachas?

— Ah, isso é apenas a minha maravilhosa personalidade — disse o Bolachas, com um sorriso maroto.

— Bem, não quero estragar tudo e fazer com que fiques convencido, por isso é melhor calar-me. Vamos ensaiar para o nosso trabalho do *Fat Larry*? Como já tinha dito, podes ser tu o Fat Larry, e eu leio as receitas em voz alta, enquanto tu fazes a demonstração, *okay*?

— Tenho uma ideia melhor — adiantou o Bolachas. — Vamos *os dois* ser o Fat Larry. Vai até minha casa depois das aulas. E leva o teu avô — a minha avó convidou-o especialmente a ele. Espera até veres o que a minha mãe tem para ti!

17

A mãe do Bolachas tinha-me feito um fato à Fat Larry, verde-esmeralda e cintilante! Segurei-o contra o corpo e pus-me a dançar com ele, com os braços verdes vazios atados à volta do pescoço.

— Oh, Mrs. McVitie! É maravilhoso! E fê-lo especialmente para mim. É *tão* querida!

— Bem, o Billie disse-me que gostava muito que também tivesses um fato à Fat Larry e eu tinha o tecido, por isso... Comprei metros e metros dele porque o meu Billie é um jovem em crescimento e às vezes até tenho dificuldade em saber o tamanho que ele veste. Fiz um minifato para ti em três tempos. Cosi-lhe uma almofada para dar volume extra à barriga. Em comparação com os McVities, tu és um passarinho!

Dei-lhe um enorme abraço. O avô disse que estava muito, muito agradecido e a Mrs. McVitie preparou gasosas com gelado de morango para mim e para o Bolachas. Comemos o gelado com colheres prateadas e compridas e depois bebemos ruidosamente a gasosa com palhinhas vermelhas. A avó do Bolachas fez um chá para o avô e ofereceu-lhe uma fatia do seu biscoito de manteiga de milionário, caseiro. O avô disse que nenhum milionário conseguiria comprar comida melhor que esta e cerrou os lábios, fazendo entusiásticos *mmmmmms*. Parecia que estava a beijar alguém. A avó do Bolachas ria-se como uma jovem, quase como se o avô estivesse a beijá-la a ela.

É claro que eu e o Bolachas também comemos uma fatia do biscoito de manteiga de milionário, mas fizemo-lo rapidamente (mas com gosto), lambemos o chocolate dos lábios, pegámos nos nossos lindos fatos cintilantes e retirámo-nos para o jardim para ensaiarmos a nossa representação do *Fat Larry*.

Fartámo-nos de ensaiar, dia após dia. Vimos e revimos o vídeo do avô até conseguirmos imitar o sorriso do Fat Larry, o seu andar saltitante e as suas frases características. Estudámos os livros de receitas do *Fat Larry*, que o Bolachas possuía, escolhendo receitas e salivando de expectativa.

Eu tinha uma ideia excelente acerca de arranjarmos um fogão de campismo para podermos fazer crepes na sala de aulas, mas quando falei à parte com a Mrs. Watson ela revirou os olhos só de pensar nisso.

— Suponho que fosse uma maneira de testarmos a eficiência dos extintores de incêndio da escola, mas não creio que os meus nervos aguentassem, Gemma.

— Não se preocupe, Mrs. Watson. Não seria eu quem iria cozinhar, mas sim o Bolachas.

— Ele é quase tão propenso a acidentes como tu! E se tu estiveres a uma distância de noventa metros de um fogão de campismo, *tenho a certeza* de que ele pegará fogo espontaneamente.

— A Mrs. Watson nunca me dá o benefício da dúvida.

— Isso é verdade, jovem Gemma. — A Mrs. Watson inclinou a cabeça para um dos lados. — Exactamente o que é que tu e o Bolachas andam a tramar?

— Estamos a preparar algo muito especial! — disse eu, escangalhando-me a rir. — Mas prometo que não vamos cozinhar nada nas instalações da escola. Teremos de fazer como as pessoas do *Blue Peter* e dizer: «Aqui está um que preparei há pouco.»

O Barry Baxter fez um trabalho brilhante baseado nos apresentadores do *Blue Peter*, recuando aos tempos em que os meus pais viam o Peter, o John e a Val. O Barry fez tudo com muita seriedade, mas também teve algumas partes engraçadas e pôs toda a gente a rir quando mencionou aquele elefante bebé traquinas.

Eu também me ri, mas comecei a ficar preocupada. Parecia que o Barry ia ser o grande vencedor. O resto da turma não ofereceu grande concorrência. Fiquei tremendamente contente por o Bolachas me ter convencido a não fazer o trabalho sobre o Michael Owen. Havia tantos trabalhos sobre jogadores de futebol que eu teria dado pontapés a mim própria. Uma meia dúzia de miúdos escolheu o Harry Potter como herói e repetiu os mesmos disparates à Hogwarts, até ficar toda a gente enjoada. Havia trabalhos sobre *girl's bands* e *boy's bands* e Justins e J.Los, todos eles dizendo as mesmas coisas de sempre.

Eu suplicara à Mrs. Watson que nos deixasse apresentar o nosso trabalho logo a seguir ao intervalo para termos tempo de nos prepararmos. Estivemos tão ocupados a arranjarmo-nos que não tivemos tempo de comer nada — o que foi uma coisa inédita para ambos.

— Não faz mal. Comeremos até nos fartarmos depois da apresentação — disse o Bolachas, tirando todas as guloseimas da mochila. — Não te atrevas a roubar agora um caramelo, Gemma, senão não chegam para todos.

— Só uma lambedelazinha — pedi eu, gozando com ele. Depois olhei para o relógio que havia na sala de aulas. — Depressa! O toque de entrada vai soar a qualquer momento. Vamos vestir-nos.

Envergámos os nossos fatos verde-esmeralda cintilantes por cima dos uniformes da escola. Penteei o cabelo para trás das orelhas e ambos desenhámos rapidamente um bigode à Fat Larry, com uma caneta de feltro. Depois sorrimos e mexemos as sobrancelhas ao estilo Fat Larry.

— Estamos bem — comentou o Bolachas.

— Estamos melhor que bem. Estamos óptimos — corrigi eu.

Todos se começaram a rir quando entraram na sala e viram dois Fat Larrys gémeos de fatos verde-esmeralda cintilantes. Até a Mrs. Watson se riu tanto que as lágrimas lhe escorreram pelas faces.

— Vocês os dois, realmente! — disse ela. — Oh, Gemma! Oh, Bolachas!

O Bolachas e eu abanámos a cabeça

— Não somos a Gemma e o Bolachas — emendei. — Somos o Fat Larry.

Fiz sinal ao Bolachas com a cabeça. Ele fez-me sinal a mim.

— Ei, pessoal! — gritámos com o vozeirão simpático do Fat Larry. — Está na hora do Fat Larry e de um f-e-s-t-i-m para os vossos estômagos!

O Bolachas deu uma palmadinha no seu próprio estômago gorducho. Eu dei uma palmadinha na minha almofada. Executámos a nossa silenciosa dança à Fat Larry: arrasta, passo, batida, passo, batida, passo, batida, passo, chuto para o lado.

Eu dava os passos, as batidas e o chuto com a perna esquerda e o Bolachas dava os passos, as batidas e o chuto com a perna direita, por isso dava a sensação de que éramos imagens reflectidas um do outro.

— Ei pessoal, estão com um ar um pouco desconsolado. Vamos preparar algo para vos adoçar a boca — dissemos em coro.

O Bolachas sacou de uma frigideira e colher de pau. A Mrs. Watson mexeu-se nervosamente.

— Gemma, eu disse-te que não podiam cozinhar — sibilou.

— Calmex, jovem — disse eu cheia de audácia, ao estilo Fat Larry. — Não vamos cozinhar a sério.

Toda a gente esticou o pescoço para ver a reacção da Mrs. Watson.

— *Okay,* Fat Larry. Desta vez terei calma, mas só desta vez — disse ela e todos desataram a rir.

Eu li a receita dos caramelos ultrapegajosos e deliciosos em voz alta, enquanto o Bolachas fingia que os confeccionava na frigideira e com a colher de pau. Depois ergueu no ar o despertador de brinquedo da pequena Polly e rodou o ponteiro grande para indicar a passagem do tempo, enquanto eu pegava na grande lata de caramelos que ele fizera para a apresentação. Passámo-la em volta e toda a gente se serviu, até a Mrs. Watson.

— Parabéns! — exclamou ela quase sem se perceber, pois tinha os maxilares colados com caramelo.

— Isto é só a entrada! — disse eu.

— Esperem até ver o nosso prato principal! — disse o Bolachas.

— É o ideal para a ocasião — acrescentei eu, e o Bolachas voltou para a sua cozinha de faz-de-conta, à frente da sala. — Este é o bolo de biscoito de chocolate especial do Fat Larry!

Li a receita na voz do Fat Larry, estalando os lábios e dizendo «mmmm-mmmm» de tempos a tempos. O Bolachas misturou os seus ingredientes imaginários e depois meteu o «bolo» no armário, no qual tínhamos colado uma etiqueta a dizer FRIGORÍFICO. Fiz avançar as horas rapidamente no despertador da Polly e o Bolachas tirou, cheio de floreados, um bolo de biscoito de chocolate a sério, do armário. Toda a gente bateu palmas e deu vivas quando o Bolachas pegou numa faca e começou cortar o bolo em trinta cubos gordos.

O Bolachas deu-me uma fatia com uma dose extra de cerejas. Mas o melhor de tudo foi quando a Mrs. Watson anunciou que tínhamos ganho o concurso do melhor trabalho. O Barry ficou em segundo lugar e o Bolachas prometeu fazer-lhe um bolo do *Blue Peter* como prémio de consolação.

— Que tal fazeres-me um bolo a *mim?* — perguntei eu.

— Estou a ver se arranjo um bolo especial para ti — respondeu o Bolachas. — Tem paciência por mais uma semana ou duas.

Eu sabia o que ele andava a tramar. Estava a pensar preparar um bolo para a minha festa de aniversário. Só havia um pequeno problema. Eu não queria uma festa de aniversário este ano. Cada salsicha espetada num palito, cada sandes de ovo e todos os bolos coloridos me lembrariam dolorosamente a Alice. Não suportava a ideia de outro bolo de aniversário, mas o Bolachas parecia tão entusiasmado com a ideia que eu não queria magoá-lo.

Foi isso que disse aos meus pais (sem lhes contar o que acontecera ao meu último bolo de aniversário!).

— E se fizermos um jantar de aniversário em vez de um lanche? — sugeriu o Papá. — Podias escolher o teu prato quente preferido.

— Esparguete à bolonhesa *não!* — exclamou a Mamã. — De qualquer maneira, acho que não serei capaz de preparar uma refeição quente como deve ser depois de um dia inteiro de trabalho.

— Mamã, já te disse há imenso tempo que *não quero* convidar os miúdos da minha turma para uma festa — afirmei eu. — Bem, talvez queira o Bolachas, mas mais ninguém. Só família.

— O Callum vai querer convidar a Ayesha. E o avô vem, é claro. E a família do Bolachas? Já é tempo de lhes retribuirmos o convite — à mãe, ao pai... e há uma irmã bebé, não há?

— E à avó dele, a June! Não podemos deixá-la de fora — disse o avô.

— Isso faz dez pessoas e meia — somou a mãe. — Onde é que as vamos sentar a todas? E o que hei-de fazer para o jantar? Céus, quem me dera que a Mrs. McVitie não cozinhasse tão bem.

— Não chega aos calcanhares da mãe dela — comentou o avô estalando os lábios com a recordação.

— *Pizzas!* — disse o Papá. — Mandamos vir *pizzas* e comemo-las no jardim, com cerveja para os homens, vinho para as mulheres e *Coca-Cola* para os miúdos. É simples! No final, comemos o bolo do rapaz e cantamos os «Parabéns» à nossa Gem. É isso que queres, querida? De repente ficaste muito caladinha.

Tinha uma bola na garganta, como se tivesse engolido uma pedra. Estavam todos a esforçar-se tanto para serem simpáticos e para tornarem o meu dia de anos uma data especial. Só que não ia funcionar. Não era o que eu queria.

A única coisa que eu desejava era que a Alice aqui estivesse para podermos partilhar o nosso aniversário, como sempre tinha acontecido.

O Papá olhava-me esperançoso. Estavam todos a olhar para mim. Eu tinha de ter em conta o que *eles* queriam.

Engoli com muita, muita força e livrei-me da bola. — *Pizzas* no jardim parece-me uma óptima ideia — disse. — Mmmm-mmmm.

A minha voz ficou um pouco estranha e esganiçada, e tive de pestanejar com muita força para não desatar a chorar como um bebé.

— Vai ser um aniversário espectacular — balbuciei e depois corri escada acima e tranquei-me na casa de banho onde podia chorar em privado.

18

No dia dos meus anos, acordei muito cedo. Acenei à *Melissa*, que estava sentada, muito bonita com a sua saia branca, no parapeito da janela. Ela retribuiu o cumprimento com o seu braço esticado. Dei um pontapé ao meu edredão com golfinhos, e fiquei deitada com os braços e pernas completamente abertos.

— Parabéns a mim — sussurrei. E depois: — Parabéns, Alice.

Estiquei o polegar e o dedo mindinho, fazendo um telefone de faz-de-conta. «*Parabéns a nós, nesta data querida. Muitas felicidades, muitos anos de vida. Hoje é dia de festa, cantam as nossas almas. Para a Alice e a Gem, uma salva de palmas*», cantei baixinho.

Ouviu-se uma fungadela vinda do lado de fora da porta do meu quarto. O *Doido Varrido* entrou para me dar uma grande lambedela de parabéns. Fiz-lhe festas e senti qualquer coisa pendurada na sua coleira. Era um minúsculo pacote de bombons de chocolate, com uma mensagem que dizia: *Parabéns, ão-ão. Com amor, do Doido Varrido.* A letra dele era muito parecida com os gatafunhos do Jack. Dei ao *Doido Varrido* um grande abraço e partilhei com ele a minha surpresa de aniversário, um bombom de chocolate para mim, um bombom de chocolate para ele...

— Que vem a ser isto? — perguntou a Mamã, entrando de robe no meu quarto. — Não sabia que tanto tu como ele tinham autorização para comer bombons de chocolate. A Mãe que não descubra, caso contrário estarão metidos num grande sarilho!

Eu ri-me e o *Doido Varrido* babou-se.

— Muitos parabéns, minha querida Gemma — disse a Mamã, dando-me um beijo.

Entregou-me um embrulho de papel de seda cor-de-rosa, com um laçarote às bolinhas. Eu abanei-o para ver se descobria o que era.

— Cuidado! — disse a Mamã.

Através do papel cor-de-rosa, vi a palavra MAQUILHAGEM. Oh, não! Parece que a Mamã me levara a sério quando eu disse que queria começar a ser mais feminina.

Tentei esboçar um sorriso, enquanto rasgava o papel. Mas depois sorri como deve ser, um sorriso de orelha a orelha. Não era maquilhagem vulgar de menina, composta por batons cor-de-rosa e pó aveludado. Era um estojo de maquilhagem de palco, com toda a espécie de cores em forma de batom, cor-de-laranjas e vermelhos-vivos, verdes selvagens, cinzentos e azuis fortes. Fiquei a olhar para os batons e imaginei-me maquilhada como o Incrível Hulk, como o Homem Aranha, como o Drácula, como o Rei Leão... Os meus papéis principais não tinham fim. Havia até um batom negro, para fazer um excelente bigode à Fat Larry.

— Oh, Mamã, é magnífico! — exclamei, correndo para o espelho para começar a fazer experiências.

— Ei, ei, ainda nem sequer te lavaste! — ralhou a Mamã.

— Pois não, mas vou ter de me lavar a seguir a isto, não vou? — respondi.

Desci ao primeiro andar para tomar o meu pequeno-almoço de aniversário, mascarada de vampiro sedento de sangue, de rosto branco como o giz, olhos roxos, e sangue a pingar-me pelo queixo. O meu uniforme da escola estragava um pouco o efeito, por isso enrolei-me num lençol, na esperança de que parecesse uma mortalha. Toda a gente se encolheu de medo e se afastou de mim, o que me agradou imenso. A Mamã fez panquecas como prato especial de dia de anos (recusou a minha ajuda quando a ofereci). Enchi as minhas panquecas de doce de morango e fingi que era sangue.

Olhei em volta esperançosamente em busca de prendas, muito embora tivesse de metamorfosear-me novamente em rapariga, dentro de dez minutos, para ir para a escola. O Callum viu os meus olhos a percorrerem a sala e riu-se.

— *Okay, okay.* A minha prenda está na entrada — informou ele.

Era uma *bicicleta só para mim!*

— Oh, Callum, és um amor! Uma bicicleta nova!

— Pois é, sou amorosíssimo, mas não é nova, sua tola. É a bicicleta velha da Ayesha. Raspámo-la toda e pintámo-la de novo. Gostas?

— *Adoro* — disse eu, saltando imediatamente para cima da bicicleta e experimentando-a ali mesmo.

— Gemma! Sai já de cima dessa bicicleta! Cuidado com a alcatifa e as paredes! — berrou a Mamã.

— Não há crise, Mamã. Eu sei o que estou a fazer — garanti eu, tirando as mãos do volante.

Logo a seguir o carteiro atirou um maço de envelopes pela caixa do correio, assustando-me. A minha bicicleta nova disparou pelo corredor e eu não consegui acompanhá-la.

— Cuidado com as paredes! — gritou a Mamã.

— Gem, não destruas a bicicleta antes mesmo de teres dado uma voltinha nela! — berrou o Callum.

Verifiquei a bicicleta *e* as paredes. Desta vez tive sorte e nenhuma delas tinha sofrido danos. Inspeccionei as cartas uma a uma. Contas, mais contas, cartões de aniversário de tias velhotas e primas e o diabo a sete. Mas não estava lá o cartão que eu procurava.

Verifiquei tudo mais uma vez para o caso de não ter visto bem, embora fosse capaz de identificar a letra da Alice do outro lado da sala. Eu mandara-lhe um cartão de aniversário a *ela*. Eu própria o tinha feito. Era uma espécie de colagem, com fotografias de todos os aniversários que tínhamos festejado no passado até ao primeiríssimo, em que aparecíamos sentadas lado a lado nas nossas cadeiras altas, com o nosso primeiro bolo de aniversário. A Alice estava a lamber delicadamente a cobertura do seu bolo. Eu tinha bolo em todo o lado, até no cabelo, e estava a gritar porque queria outra fatia.

Tinha recortado muitos balões e bolos de aniversário das revistas da Mamã para os colar em todos os espaços livres, entre as fotografias, e depois tinha colado estrelas prateadas à volta da colagem. Estava tudo um pouco pegajoso e pesado quando terminei mas, mesmo assim, esperava que a Alice gostasse. Também esperava que ela gostasse da prenda. Tinha visto uma almofada felpuda e cor-de-rosa, em forma de coração, no catálogo da Mamã. Era muito, muito cor-de-rosa e muito, muito felpuda. Achei que era perfeita para o quarto novo da Alice. Era também muito, muito cara para uma rapariga que não tinha economias nenhumas, mas a Mamã emprestou-me o dinheiro e eu iria pagar a dívida semanalmente. Iria custar-me a minha semanada *toda* durante *montes* de tempo, quase até ao nosso *próximo* aniversário, mas valia a pena.

Tentei não me importar que a Alice não me tivesse enviado nada, nem mesmo um cartão. Não consegui evitar chorar um bocadinho quando estava a esfregar a cara para tirar a máscara de vampiro, mas se calhar foi por deixado entrar sabão nos olhos.

— Onde se meteu o vampiro? — perguntou o Jack, quando saí da casa de banho.

— É dia, por isso voou para o esconderijo — funguei eu, limpando os olhos doridos.

— É pena. Tenho aqui uma prenda de anos que ele iria gostar — declarou, atirando-me uma caixinha embrulhada em papel preto, brilhante, para as mãos. Quando abri o embrulho encontrei uma carteira preta, de plástico, com morcegos a voarem pela sua superfície, de dentes arreganhados.

— Obrigada, Jack. É muito fixe — disse eu.

— Experimenta abri-la — sugeriu o Jack, entrando na casa de banho para escovar os dentes e se pentear, operação que normalmente levava dez segundos a executar.

«Experimenta abri-la»? Abri-a com um puxão... e encontrei lá dentro uma nota de vinte libras!

— Jack! — chamei, martelando a porta com os punhos.

— O que foi?

— Jack, sai daí. Quero dar-te um abraço.

— Nem penses! Agora tenho de ficar trancado aqui dentro.

— Oh, Jack, por que é que estás tão generoso este aniversário? Normalmente és um forreta quando toca a prendas.

— Muito obrigado, sim, Miss Tacto e Diplomacia! Na verdade, não estou propriamente a ser generoso *desta* vez. A carteira foi uma oferta grátis da revista *Fan Gore* e o dinheiro é o teu pagamento.

— O meu pagamento?

— Por todas aquelas tarefas que executaste para mim em troca de eu te deixar usar o computador. Fiquei com um peso na consciência. Podes usar o computador sempre que quiseres, miúda.

Agora já não valia a pena. Tinha quase a certeza de que a Cara de Bolo não ia querer entregar quaisquer mensagens.

Senti-me mais sozinha do que nunca, sentada ao lado de uma cadeira vazia, na escola. Mesmo assim, podia virar-me para trás e falar com o Bolachas. Ele deu-me um cartão de aniversário gigantesco, com um rapaz sentado a uma mesa enorme, carregada com centenas de bolos: bolos com cobertura, bolos com *chantilly*, *cheesecakes*... toda a espécie de bolos que se possa imaginar. O rapaz segurava um *éclair* em cada mão, dando dentadas em ambos, e tinha um sorriso de contentamento estampado no rosto. Na parte da frente, o cartão dizia EU GOSTO DE BOLOS e no seu interior o Bolachas escrevera: MAS AINDA GOSTO MAIS DE TI.

— Oh, Bolachas — disse eu, corando.

— O que é que estás a dar à Gemma, Bolachas? Por que é que ela ficou tão vermelha?

— Mostra-nos o que ele escreveu, Gem!

— Depressa! Esconde-o! — pediu o Bolachas, corando também até à raiz dos cabelos.

Meti-o na minha mochila da escola, enquanto a Mrs. Watson batia as mãos e mandava toda a gente sossegar. Um idiota qualquer tentou arrancar-me a mochila, por isso dei-lhe com ela, com força.

— Gemma! — ralhou a Mrs. Watson. — Fica sossegada também ou dás por ti metida em grandes sarilhos, *mesmo* que seja o teu aniversário. Por falar em aniversários! — A professora colocou um envelope em cima da minha mesa.

A Mrs. Watson oferecera-me um cartão de aniversário especial! Tinha um desenho de um professor à antiga, de ar feroz, com um barrete de formatura na cabeça e uma vara nas mãos, e dizia PORTA-TE BEM! Lá dentro, a Mrs. Watson tinha escrito: *Que tenhas um aniversário muito feliz* e fizera um desenho dela própria com uma cara sorridente.

É claro que foi um dia de aulas normal e tivemos de assistir às mesmas aulas chatas de sempre — mas, na hora do recreio, eu e o Bolachas fizemos um concurso quem-leva-menos-tempo-a--comer-uma-tablete-de-chocolate, e eu ganhei! Como os dentes do Bolachas têm uma maior capacidade de mastigação que os meus, desconfio que ele tenha mastigado com lentidão propositada para me deixar ganhar.

Quando o toque de saída soou, o avô estava à minha espera junto ao portão da escola. Ele não se limitou a dar-me um abraço de felicitações, mas pegou em mim ao colo e rodopiou-me no ar, embora tenha ficado com a respiração um pouco alterada quando voltou a pôr-me no chão. Depois pegou na minha prenda de aniversário, que tinha pousado no passeio. Era o *Livro de Receitas Fáceis Para Principiantes*, do Fat Larry.

— Não te importas de mo emprestar de vez em quando, pois não, Gem? Estou a pensar convidar uma pessoa para ir lá jantar a casa e preciso de uma ajudinha, principalmente porque a senhora em questão é uma excelente cozinheira.

— E que pessoa será essa exactamente, avô? — perguntei eu a rir.

— Ah, isso seria divulgar demais! — respondeu o avô.

— Será uma certa pessoa que vais ver daqui a pouco no meu jantar de aniversário? — perguntei. — Uma certa pessoa idosa da família do meu amigo Bolachas?

— Ei, ei, ela não é tão idosa assim. A senhora encontra-se na flor da vida — protestou o avô.

Não fomos para casa do avô mas sim para a minha, para ajudarmos nos preparativos para o meu jantar de aniversário. A Mamã ainda estava no trabalho, e o Callum e o Jack iam a caminho de casa, vindos da escola, mas o Papá já estava a pé e chamava-nos do jardim. Tinha dado uma aparadela rápida à relva, tirado todas as cadeiras de jardim do sítio onde estavam guardadas e coberto a velha e musguenta mesa com a toalha bordada. Uma toalha mais velha cobria uma coisa grande e volumosa no cimo de uma árvore.

— Meu Deus, o que é aquilo, Papá? — perguntei. — É um comedouro para águias gigantes?

— É a surpresa de aniversário que tenho para ti, Gem — respondeu ele.

Esticou-se em bicos de pés e puxou o pano, como um toureiro a agitar a capa. Era a minha casa na árvore!

Era uma verdadeira beleza, com uma linda escada de corda, uma porta em arco e um telhado como deve ser.

— Oh, Papá, é tão fixe! — exclamei eu quase sem fôlego.

Subi imediatamente a escada. Havia uma placazinha na porta a dizer: ESCONDERIJO DA GEMMA. Dentro da casinha, no chão de tábuas de madeira, o Papá tinha posto uma almofada grande e gorda, e uma prateleira para os meus livros de histórias preferidos. Não consegui evitar desejar que houvesse *duas* almofadas, mas agora estava a esforçar-me muito para não pensar na Alice.

— É a melhor casa na árvore do mundo... e tu és o melhor pai do mundo — berrei.

A minha vontade era ficar toda a tarde na minha casa na árvore, mas a Mamã mal regressou do trabalho obrigou-me a ir tomar um banho.

— Depois, podes vestir a tua roupa de festa. Lavei o teu vestido amarelo e ficou um brinco. — A Mamã fez uma pausa e esboçou um sorriso maroto. — Havias de ver a tua cara, Gemma! Estou só a espicaçar-te. Veste as tuas melhores calças de ganga e uma *T-shirt* lavada, está bem?

Também obrigou o Callum e o Jack a tomarem banho e a mudarem de roupa, o que não lhes agradou muito. Quando chegou, o Bolachas vinha com ar de quem acabara de sair de uma banheira de água bem quente, porque parecia estar ainda mais rosado e limpo do que o costume, no seu fato à Fat Larry verde-esmeralda cintilante. A mãe do Bolachas trazia vestido o seu fato cor-de-rosa, de merengue, e a avó vinha de azul violáceo. A sua irmã bebé, a Polly, envergava um vestidinho curto da Minnie, muito giro, vermelho-vivo, com bolinhas pequeninas e brancas. Até o pai do Bolachas vinha todo colorido, com uma camisa roxa e uma gravata carmim.

Eles eram uma família tão colorida, encorpada e activa que enchiam a nossa sala de visitas. Foi um alívio podermos ir para o jardim, depois de o Papá ter servido bebidas a toda a gente.

O Bolachas deu-me um fantoche do Fat Larry, de enfiar na mão, com pêlo curto e felpudo a servir de cabelo e um casaco verde e cintilante em miniatura (não tinha calças porque não tinha pernas). O Bolachas fê-lo saltitar de um lado para o outro a agitar os braços e a mexer a cabeça, fazendo a sua própria imitação miniatura do Fat Larry.

— *Gostas de mim, Gemma? Sou uma prenda de aniversário boa?* — perguntou-me o pequeno Fat Larry, fazendo-me cócegas debaixo do queixo e dando-me cabeçadinhas suaves com o seu cabelo à *cabeça-rapada*.

— Gosto muito, muito, de ti, Fat Larryzinho. És uma prenda de anos verdadeiramente fantástica — disse eu. — Por favor agradece muito ao Bolachas.

— *Bem... a mãe do Bolachas fez-me quase todo, mas ele desenhou-me a cara* — disse o Fat Larry miniatura. — *Mas foi ele quem fez o teu bolo sozinho.*

— Mal posso esperar para o ver — disse eu, perguntando a mim própria se seria também um bolo em forma de Fat Larry e, caso fosse, se eu iria gostar de creme de cobertura verde-esmeralda.

— Bom, mas eu vou manter-me afastado de ti. Não quero que mo atires à cara — gozou o Bolachas. — Sei bem do que és capaz, Gemma.

Primeiro comemos as *pizzas*. O Papá foi buscá-las no seu táxi. Os adultos escolheram ingredientes vulgaríssimos e a pequena Polly não comeu nem um bocadinho de *pizza*, apenas gressinos (embora tivesse gostado muito deles, usando-os para tocar tambor na sua barriguita gorducha). O Bolachas e eu debatemos longamente o assunto e inventámos uma soberba *pizza* ideal de molho de tomate, três queijos, cogumelos, milho doce, tomate, ananás, azeitonas, salsichas de Frankfurt e frango.

— Têm a certeza de que esses ingredientes chegam, crianças? — interrogou o Papá sarcasticamente.

— Bem, talvez pudéssemos acrescentar o salame. E carne de vaca. E que tal uma mistura de pimentos? — disse o Bolachas, levando-o a sério.

Ele devorou a sua *pizza* toda sem qualquer problema e insistiu que ainda tinha muito espaço para o bolo de aniversário. Eu também tinha muito espaço livre no estômago, mas nenhum fora dele, já que havia falta de cadeiras e o Bolachas e eu tivemos de comer as nossas *pizzas* multi-ingredientes, muito apertados, dentro da minha casa na árvore. Para facilitar a manobra, tínhamos de levar a *pizza* à boca ao mesmo tempo. Em uma ou outra ocasião, o Bolachas, distraído, deu por si a dar uma dentada na minha *pizza*, bem como na dele.

O Bolachas queria ir ele próprio buscar o meu bolo e acender as velas, por isso fomos obrigados a uma boa dose de contorcionismo, empurrões e puxões até ele finalmente saltar da casa na árvore como uma rolha de uma garrafa.

Esperei ansiosamente a chegada do meu bolo de aniversário, com o coração a bater-me com força dentro da *T-shirt* justa. Rezei para que não fosse um bolo de chocolate com creme, como o que tinha feito para a Alice. Eu detestava pensar nesse bolo... e no desejo desperdiçado.

O Bolachas transportou cuidadosamente um prato grande para o jardim, com velas acesas a tremelicarem. Era um bolo castanho, mas não era um bolo de chocolate vulgar. Tinha um telhado pequeno! Ter-lhe-ia o Papá dado alguma dica e o bolo ter a forma de casa na árvore?

Saltei para o chão para ver melhor. Não era um bolo em forma de casa na árvore, mas sim em forma de poço antigo. Estava muito bem feito, com creme branco entre os pequenos tijolos e florzinhas de açúcar a toda a volta, na base, e pequenos sapos, coelhinhos e esquilos de maçapão, a dançarem à volta dele. O Bolachas escrevera *Parabéns Gemma* no telhado do poço, numa letra muito bonita e em creme cor-de-cobre.

— É um poço dos desejos — informou o Bolachas. — Tens direito a formular o teu maior desejo de aniversário quando apagares as velas e, depois, cada fatia dá direito a um desejo especial.

— Oh, Bolachas!

Eu avancei para ele. O Bolachas deu um passo para trás, parecendo nervoso.

— Só vou *agradecer-te*, seu palerma!

— Apaga primeiro as velas. Não quero que a cera derreta toda para cima do meu bolo. Esses tijolos levaram *séculos* a fazer.

— És mesmo um amor, Bolachas, o melhor companheiro do mundo! — disse eu.

Enchi os pulmões de ar, soprei com força e, no momento em que as velas se apagaram todas de uma só vez, formulei o meu desejo. Desejei que o Bolachas e eu pudéssemos ser sempre os melhores companheiros do mundo e que, de alguma forma, a Alice e eu pudéssemos continuar a ser as melhores amigas do mundo.

Eu sabia que, em parte, era um desejo desperdiçado, principalmente porque a Alice nem sequer me mandara uma prenda de anos, mas não resisti.

— O que é que desejaste? — perguntou o Bolachas, enquanto me ajudava a cortar o bolo.

— Não posso dizer senão não se realiza — respondi eu, com um sorriso maroto.

— Bem, então também não te digo qual vai ser o meu desejo — disse o Bolachas, sorrindo também.

Todos comemos o bolo delicioso do Bolachas. Até a Polly lambeu um pouco de creme da cobertura, com ar deliciado. Fartámo-nos todos de fazer desejos.

Nisto ouvimos alguém bater à porta.

— Será que já chegou o meu desconhecido alto, espadaúdo e moreno? — disse a Mamã, rindo.

O Papá fingiu ficar zangado. — Não, é a minha rapariga de sonho, loira e cheia de curvas — disse ele, e ambos abanaram a cabeça e sorriram um para o outro.

Os pais do Bolachas também estavam a sorrir um para o outro. A avó do Bolachas e o avô não estavam apenas a sorrir — estavam de mãos dadas!

O Callum e a Ayesha afastaram-se, também de mãos dadas. O Jack fez cara de enjoado e deu um «passou bem» ao *Doido Varrido*, dando-lhe migalhas de bolo.

O Papá apareceu novamente pelas portas envidraçadas, transportando um saco pequeno. — Era a velhota do lado, a Miss Michaels. Isto chegou por Correio Especial hoje de manhã e ela recebeu-o. É para ti, Gem.

Embora não reconhecesse a letra, observei que a encomenda tinha um carimbo postal escocês. Rasguei o saco e vi que continha um pequeno embrulho de papel prateado e um cartão de aniversário com dois ursinhos a abraçarem-se, um cor-de-rosa e o outro amarelo. Por cima dos ursos estava escrito *Parabéns* em letras cor-de-rosa e amarelas e, no interior dizia *Muitos Xi-Corações Apertados, Melhor Amiga*. Por baixo disso, a Alice tinha acrescentado:

Muitos e muitos e muitos Xi-corações, Gem. Espero que tenhas um dia de anos muito, muito feliz. Eu vou ter uma festa, mas não será o mesmo sem ti. A Mamã obrigou-me a convidar a Flora, mas agora já não gosto muito dela. Continuas a ser a minha melhor amiga do mundo, embora eu agora esteja proibida de manter contacto contigo. Mas o Papá disse-me que te mandava isto, numa encomenda especial, porque eu queria mandar-te algo precioso. Ele também me ajudou a arranjar a peça nova.

Muitos, muitos, muitos beijinhos da Alice

XXXX

Abri o embrulho minúsculo, com as mãos a tremer. Era a pulseira de prata, com berloques, da Alice. Mesmo ao lado da Arca de Noé miniatura havia um berloque de prata novinho em folha, em forma de coração. Na sua superfície tinham sido gravadas quatro palavras:

MELHORES AMIGAS PARA SEMPRE

Clube das Amigas

1. Como Sobreviver aos Melhores Anos da Nossa Vida ou A Adolescência de A a Z
2. Apaixonei-me por Um Blusão de Cabedal, Confissões de Uma Ecologista Baralhada
3. Mãe, não Faças Cenas! Dramas, Desastres e Desejos de 5 Adolescentes
4. A Vida É Mesmo Difícil
5. Ninguém Gosta de Mim!
6. És a Minha Melhor Amiga - Odeio-te!
7. Já não Sou Nenhuma Criança!
8. Como Lidar com os Rapazes
9. Quero Vestir-me à Minha Maneira!
10. Eu Gosto Dele, mas Ele...
11. Sei o Que Faço!
12. Tudo o Que Deves Saber
13. Será Que Estou Apaixonada por Ele?... Será Que Ele Está Apaixonado por Mim?...
14. Não Imaginam o Que Eles Me Fizeram!
15. A Minha Família Põe-me Louca!
16. É Tempo de Pensar na Minha Vida
17. Sei Tomar Conta de Mim
18. Miúdas Apaixonadas
19. Eu Quero Escrever Uma História de Amor
20. E se Eu Tivesse Um Vestido Cor-de-rosa?
21. Vou Ser Uma Top Model
22. Um Namorado para a Minha Irmã
23. Miúdas à Beira de Um Ataque de Nervos
24. A Minha Escola É Muito Louca!
25. O Meu Diário Confidencial
26. Gosto de Sair à Noite
27. Que Roupa É Essa? Já Te Viste ao Espelho?
28. Se o Cupido Me Desse Uma Mãozinha...
29. Por Favor, Acabem com as Confusões!
30. Não Sou Feminista, mas...
31. Este não É o Rapaz com Quem Eu Sonhava
32. A Minha Vida É Complicada
33. As Raparigas São de Saturno – Os Rapazes São de Júpiter
34. Os Rapazes e as Miúdas do Nosso Grupo
35. Tirem-me Daqui estes Monstrozinhos
36. Se Não Fossem os Amigos...
37. Irmãs?... Nem Pensar!
38. Gostava de ser Diferente...
39. Qual é o Meu Tipo de Rapaz?
40. Uma Miúda Ousada
41. Outra Vez Uma Miúda Ousada
42. Amigas para Sempre!
43. Amigas, Amigas... Namorados à Parte!
44. Eu Quero Um Príncipe e não Um Sapo!
45. É Arriscado Namorar por E-mail
46. Como é que Eu Seria no Tempo dos Meus Avós?
47. Estamos Ambas Apaixonadas pelo Mesmo Rapaz
48. Lembrem-se De Que Eu Também Existo
49. Ninguém Se Preocupa Comigo
50. Bela e Inteligente, Mas Tudo lhe Corre Mal!
51. A Minha Melhor Amiga é Muito Especial
52. Um Ano para Esquecer
53. Será Que Tudo Me Acontece por Acaso?
54. Não Posso Passar Sem o Meu Telemóvel
55. E Quem Disse Que para Ser Gira é Preciso Sofrer?
56. Estar Apaixonada Só Me Traz Complicações
57. O Primeiro Ano de Uma Escola Fantástica
58. Encontrei o Rapaz dos Meus Sonhos! E Agora, o Que É Que Eu Faço?
59. Deixem-me Ser Feliz à Minha Maneira
60. Um Anjo Chamado Vicky
61. A Minha Escola Continua a Ser Muito Louca!
62. Será Que Consigo Ter Um Pouco de Paz na Minha Vida?
63. Não Confio a Ninguém os Meus Segredos
64. O Mundo Fascinante de Uma Adolescente
65. Socorro! A minha Vida Social é uma Desgraça!
66. Por Que Será Que Todas Arranjam Namorado Menos Eu?
67. Ainda Não Perceberam Que Sou a Rapariga Ideal
68. Que Mal Fiz Eu para Merecer Isto?
69. O Segundo Ano da Nossa Escola Fantástica
70. Amigas, Namorados e Rivais
71. Apaixono-me Sempre Pelo Rapaz Errado!
72. Adorava Participar Numa Telenovela
73. Com Tantos Rapazes Giros, o Difícil é Escolher
74. Amigas, Namorados e Segredos
75. Quero Ser Uma Vedeta Famosa
76. A Minha Família É o Máximo
77. Agora Já Tenho Namorado Mas...
78. A Culpa não É Minha, É dos Astros!
79. O Diário do Nosso Grupo
80. O Segundo Diário do Nosso Grupo
81. O Terceiro Ano da Nossa Escola Fantástica
82. Não Te Preocupes, Sê Feliz!
83. Perder Uma Amiga Por Causa de Um Rapaz, Nunca!
84. Se Vires Uma Estrela Cadente, Pede Um Desejo
85. Amigas, Inimigas e Outros Problemas
86. Estou Farta de Ser Boazinha
87. Como nos Tornámos Amigas
88. Vais de Ter de Beijar Muitos Sapos Até Encontrares o Teu Príncipe
89. Ela não É Assim Tão Má Companhia!
90. Sê Tu Mesma
91. Tenho de Pôr a Minha Irmã na Ordem
92. Namorados para Quê? Só Dão Problemas
93. Para que Servem as Amigas?
94. Temos Mesmo de Esperar Até Segunda-Feira!
95. Por que É que os Rapazes nos Deixam Tão Confusas?
96. Tudo Parece Perfeito, Mas...
97. A Vida não É assim tão Simples
98. Quero Ser Uma Pop Star
99. Tantas Lágrimas para Quê?
100. A Nossa Amizade É à Prova de Tudo
101. Finalmente Encontrei o Meu Príncipe
102. Não Tenhas Pressa de Crescer
103. Segredos Entre Amigas